I0821073

El precio de la pasión

EDICIÓN ACTUALIZADA Y REVISADA POR EL AUTOR

¿DE QUÉ ESTÁN HECHOS LOS HÉROES?

Gabriel

Rolón

El precio de la pasión

DIANA

Obra editada en colaboración con Editorial Planeta – Argentina

Concepto editorial: Anónima Content Studio
Diseño e imágenes de portada: Óscar Abril / BaPstudio.co
Fotografía del autor: ©Alejandro Palacios
Formación: Beatriz Montoya
Ilustraciones de interiores: Diego Martínez García
Diseño de maquetación: Ale Ruiz Esparza

Bajo el sello editorial DIANA M.R.
Avenida Presidente Masarik núm. 111,
Piso 2, Polanco V Sección, Miguel Hidalgo
C.P. 11560, Ciudad de México
www.planetadelibros.com.mx

Primera edición impresa en Argentina: octubre de 2019
ISBN: 978-950-49-6867-2

Primera edición impresa en México: agosto de 2025
ISBN: 978-607-39-3116-8

Impreso en los talleres de Litográfica Ingramex, S.A. de C.V.
Centeno núm. 162-1, colonia Granjas Esmeralda, Ciudad de México
Impreso en México – *Printed in Mexico*

A mis hijos, Lucas y Malena

Lasciate ogni speranza, voi ch'entrate.
(Abandona toda esperanza, si es que entras aquí).

DANTE ALIGHIERI
La *Divina comedia*

ÍNDICE

PRELUDIO 21

Solos… espantosamente solos 23
Nace el hombre. Muere Dios 26
Con la razón no alcanza 29
Ni especiales, ni divinos 31
Lo que está de más, lastima 35

I
NOCTURNO AL AMOR 43
(o primera noche desvelada)

Del polvo sagrado a la inmundicia 45
Del paraíso al sufrimiento 49
Deseo y dolor 54
Dentro de mí mismo me perdí 57
La eternidad 69
Otro bocado en *El banquete* 72
En el comienzo fue la infancia 73
Amar en soledad 83
Amar de frente 90

Entonces
La insatisfacción 97
Una sexualidad complicada 97
Machismo y misoginia 98
Pasión y desmesura 100
Todo tiene un precio 101
Más fuerte que Dios 101
Más allá de la muerte 102
Oscuridad y vacío 103
La eternidad en un instante 103
El exceso de los dioses 104
La doble llama 104
La vida y el dolor 105
La dignidad y el amor 106

II
NOCTURNO A LO PERDIDO 113
(o segunda noche desvelada)

La *petite mort* 115
Laberintos del duelo 117
Bilis negra 122
La renuncia del cielo 125
Entre la realidad y la verdad 135
Una dolencia difícil de curar 139
Certeza y locura 146
Ser o no ser 151
Una pasión incestuosa 155
Miedo a perder(se) 174

Entonces
Una noble emoción 187
Un paso inevitable 188
Soltar 193
Los adivinos 194
El vacío 197
Ira, celos y venganza 201
Dioniso y Apolo 203
La soledad 205

III
NOCTURNO A LA FELICIDAD 217
(o tercera noche desvelada)

La lágrima negada 219
La desesperación 227
Falacia de la atracción 250
El enigma de la felicidad 256
Lejos del cielo 261
¿Qué es la felicidad? 263
El éxito 275

Entonces
Ojos que brillan 285
El fracaso tan temido 288
Entre el goce y el reconocimiento 291
Algo más acerca de la felicidad 294

POSLUDIO 303
AGRADECIMIENTOS 315

Pasión. Sensación que genera el erotismo más sublime y el dolor de la tortura.

Con un pie en la vereda del deseo y el otro en el dolor. Esa fuerza desbordante que nos atraviesa más allá de toda voluntad consciente. Pulsión de vida y pulsión de muerte unidas en una sola palabra: pasión.

Raro artilugio del lenguaje para recordarnos que, de un lado o del otro, siempre habrá algo que no podremos controlar.

GABRIEL ROLÓN
Cara a cara

El consultorio es un lugar apasionado.

Estar frente a un paciente es una experiencia impactante.

En el diván se despliegan su dolor, sus deseos ocultos, se exponen sus temores, y a veces se desata un llanto que busca un sentido que calme la angustia.

Desde mi lugar escucho e intento crear un vínculo que aloje esa emoción desbordada y abra un resquicio por el que se filtre la palabra que acota en algo el tormento.

Muchos creen que los analistas somos inmunes a ese dolor. Se equivocan. El analista es alguien que ya ha recorrido el laberinto de sus contradicciones y visitado los rincones más oscuros de su ser. Conoce el miedo, el desengaño, la desesperación, y ha comprobado en carne propia que la voluntad no alcanza cuando choca con mandatos inconscientes. Por eso, comprende el abismo que desafía quien, acostado en el diván, ha resuelto iniciar el camino del análisis. Un camino que, a diferencia de los demás, avanza hacia atrás… y hacia adentro.

Lacan dijo: «El Psicoanálisis es una terapia que no es como las demás terapias». ¿Qué lo hace diferente? La singularidad del vínculo que entablan profesional y analizante, esa relación particular que llamamos «transferencia», ese lazo que los une incluso en los momentos en que están separados. «Esto se lo tengo que contar a mi analista», piensa el paciente, y de ese modo nos da un lugar en su psiquis. Un lugar desde el cual conducimos el tratamiento.

Bajo el efecto de la transferencia, las emociones se agigantan porque, alentado por esa unión profunda, el paciente no recuerda, sino que revive las experiencias traumáticas de su vida.

La transferencia nos deja percibir sin velos el universo emocional de los pacientes. Por eso el consultorio es un lugar apasionado. De ahí el deseo de escribir este libro, para dar cuenta de ese mundo límite con el que convivo a diario. He visto el efecto que genera la pasión, la he mirado a los ojos, y conozco la fuerza con que puede arrastrarnos tanto al límite del placer como al punto máximo del sufrimiento.

¿Qué situaciones pueden generar efectos tan extremos? Entre otras, el amor, la desesperación, el erotismo, la soledad, el odio, la felicidad, la frustración o el miedo. De todas ellas se ocupa este libro funámbulo que hace equilibrio permanente entre la dicha y el padecimiento, entre lo latente y lo manifiesto, entre la ilusión y el desengaño, entre lo anhelado y lo imposible, en busca de acercarse a la comprensión de las pasiones humanas.

La idea es recorrer juntos un camino brumoso que lleva hacia un horizonte sin certezas. Me impulsa el deseo de mirar el abismo. Un abismo inquietante, un abismo inconsciente, sin olvidar el riesgo que señaló Nietzsche: «A veces es imposible involucrarse sin ser arrastrado».

Según los mitos griegos, las almas de los muertos llegaban a la orilla de la laguna Estigia, donde debían esperar a Caronte, encargado de cruzarlos hasta su destino. A cambio del viaje, el barquero infernal exigía como retribución una moneda. Por eso, en aquellos tiempos, se acostumbraba colocar un óbolo debajo de la lengua, o sobre los ojos de los difuntos, para que cuando llegaran al mundo subterráneo pudieran pagar los servicios de Caronte. Quienes no cumplían con este requisito, debían vagar por la ribera durante cien años.

Se describe al barquero como un anciano harapiento, de barba gris y rostro desagradable que, aunque conducía la barca fúnebre, se negaba a remar y obligaba a que los condenados lo hicieran por él.

Fueron muy pocos quienes lo conocieron sin morir y pudieron cruzar en su barca. Heracles, el héroe griego, lo consiguió doblegándolo con su fuerza. Orfeo, en cambio, lo hizo gracias al hechizo que generaba con su música. Como sabemos, también Dante Alighieri lo logró, según nos cuenta al comienzo de la Divina comedia. Sin embargo, en este caso, el destino final no fue el Hades, el infierno de los helenos, sino el infierno cristiano. Una aventura que Dante no pudo realizar solo; necesitó la ayuda de un poeta, Virgilio, para descender a la región infernal.

Acercarse a los dominios de la pasión también es una experiencia perturbadora. Por eso, como Dante, convoco a algunos compañeros que remarán junto a mí.

En estas páginas dialogan Robert Graves y Octavio Paz, Mark Twain y Afrodita, Discépolo y Nasio, Stevenson y Baucis, Comte-Sponville y Dioniso, Schopenhauer y Dolina, Grimal y Descartes, Spinoza y Lacan. Ellos serán algunas de nuestras armas. Nuestro motor, el deseo de comprender lo que parece indescifrable.

Subamos a la barca. Adelante nos esperan El Creador y la serpiente, Homero y Kierkegaard, héroes mitológicos y héroes muy nuestros, Adán, Eva y Lilit, Horacio Ferrer y Helena, y algunos, que en el diván, se animaron a enfrentar sus regiones oscuras. La soledad, el amor platónico y el amor cortés, la lucha por mantener la dignidad en el desamor, el infierno del melancólico, el sinsentido de la esperanza y el enigma de la felicidad.

Es hora de empezar.

Vayamos, entonces, rumbo a ese mundo fugitivo e intentemos atravesarlo de la mano del Psicoanálisis.

Avancemos juntos hacia el abismo de las pasiones.

PRELUDIO

Solos… espantosamente solos

Suele decirse que los griegos inventaron la tragedia, pero esta afirmación es cierta solo desde el punto de vista del arte. La verdadera tragedia nació mucho antes, con el aliento del primer ser humano que llegó a la vida, este lapso que va de una inexistencia a la otra. Nada éramos antes de nacer y nada seremos después de morir, al menos desde el punto de vista psicológico. Eso que llamamos «Yo» cada vez que hablamos de nosotros, contiene nuestra memoria consciente e inconsciente, las herencias emocionales que nos aguardaban aún antes de que naciéramos, las huellas que nos dejó la infancia, y los miedos y deseos que hoy nos condicionan, alientan y definen.

Nos tocó habitar un tiempo breve y complejo que al universo parece importarle bien poco, y sin embargo, es lo único que tenemos.

La vida solo es tiempo. Por eso, quien juega con nuestro tiempo juega con nuestra vida.

Es indispensable, entonces, darle valor a cada instante.

Hace muchos años, cuando trabajaba en un geriátrico, me ocurrió algo que no pude olvidar nunca. Una mujer de 95 años agonizaba en su cama. Sentado a su lado, yo sostenía su mano entre las mías en silencio. En un momento giró la cabeza para hablar. Me acerqué.

—¿Quiere decir algo? —la interrogué.

Mirándome a los ojos murmuró:

—¿Esto fue todo?

Sus palabras me golpearon. Sentí la carga que llevaban y, aun así, respondí con la verdad.

—Sí, esto fue todo. Pero le juro que mientras le quede un segundo de vida y quiera hablar voy a estar aquí para escucharla.

A los pocos días falleció.

Ha pasado el tiempo, y todavía su pregunta me recorre como una advertencia. Desde aquel instante, hice lo que pude para evitar ese destino. Quiero que, cuando llegue el momento, quien esté conmigo guarde una imagen distinta. Quizás una sonrisa, y una frase: «Tranquilo, valió la pena... no estuvo tan mal».

* * *

Hegel dijo que era posible que la Tierra no fuera más que un enorme escombro que gira alrededor del sol. Pero lo cierto es que en ese escombro habitan seres que se preguntan por el sentido de la vida: nosotros. Y aquí estamos, condenados a encontrarle un significado a nuestra existencia, e invitados a enfrentar el desafío de vivir siendo conscientes de nuestra finitud.

No somos hombres y mujeres porque vivimos. Somos hombres y mujeres porque sabemos que vamos a morir.

Parafraseando a don Miguel de Unamuno, ese es el sentimiento trágico que recorre nuestras vidas. ¿Cómo hacemos para no vivir angustiados siendo conscientes del fin que nos espera? La respuesta es clara: jugando nuestros sueños, construyendo proyectos que se interpongan entre la muerte y nosotros. Y para que esos proyectos no se derrumben, es necesario que estén sostenidos por una fuerza que resista el embate de las adversidades. A esa fuerza la llamo deseo.

El deseo es enemigo de la muerte.

Al igual que Hegel, Nietzsche imaginó que la Tierra era solo un astro entre muchos otros, olvidado en algún rincón del universo, habitado por animales inteligentes que desarrollaron la cultura, el arte, la ciencia y el conocimiento. Hasta que un día ese astro se enfrió tanto que todos los seres que vivían ahí sucumbieron a la catástrofe.

El escritor y filósofo Gustavo Varela extrae un pensamiento perturbador de este párrafo:

> A pesar del esfuerzo, a pesar de la inteligencia y el tiempo dedicado [...], aunque hayan escrito miles de libros y fundado universidades [...] una vez que los habitantes (de ese astro) murieron, no pasó absolutamente nada. A pesar de tanto esfuerzo y de tanta verdad [...] una vez que la Tierra se heló es como si nada hubiera sucedido.

Esto es así porque al universo poco le importa lo que nos pase. ¿Cuántos milímetros creen que se modificará el eje terrestre el día que muramos? Ni siquiera uno.

Sin embargo, como aquellos guerreros que se entrenaban toda la vida en el arte de matar dragones aun sabiendo que los dragones no existen, aspiramos a comprender el misterio que encierra ese universo que permanece indiferente a nuestras pasiones.

Nace el hombre. Muere Dios

Durante toda la Edad Media, la religión fue la única herramienta para intentar desentrañar el misterio de la vida. Hasta que, en el siglo XVII, René Descartes conmocionó al mundo con una conclusión subversiva: *cogito ergo sum* («pienso, luego existo»).

Ese postulado desafió una cosmovisión que se había sostenido por más de mil años, en los que el ser humano permaneció relegado ante la figura de Dios. Toda esa época estuvo teñida de religiosidad, y la existencia era considerada apenas un trámite, un valle de lágrimas que debía atravesarse para obtener luego el premio en el reino de los cielos. Guiadas por esta premisa, las personas cedieron sus anhelos en esta vida a la espera de la recompensa divina que vendría luego de la muerte. No hubo revoluciones, lucha en contra de la injusticia, huelgas ni protestas y, hombres y mujeres, soportaron hasta lo insoportable.

Pienso en lo que se conoció como «derecho de pernada», una ley que autorizaba a los señores feudales a mantener relaciones sexuales con las doncellas que fueran a casarse con cualquiera de sus siervos. Imaginen lo que sentiría esa mujer obligada a tener sexo sin desearlo, y su futuro esposo que debía esperar en la puerta de la cabaña a que «el Señor» terminara su tarea. Ninguno de los dos podía decir nada. Tenían que controlar su angustia, su rabia y su vergüenza, es decir, sus pasiones, porque así sucedían las cosas en aquel tiempo. Era lo que les había tocado, y creían que si lo soportaban con sumisión encontrarían consuelo en la otra vida.

Pero, como dijimos, llegó Descartes y se permitió dudar de todo, incluso de Dios.

No fue un acto gratuito. En aquellos tiempos, negar a Dios equivalía a ser condenado a muerte por herejía. Por eso, el pensador francés se fue a Ámsterdam, ciudad alejada del poder de la Iglesia, y desde allí sostuvo que todo lo que creíamos podía no ser cierto, incluso la idea misma de Dios. Sin embargo, había algo de lo que él no podía dudar: de que estaba dudando, y eso le daba la certeza de existir. Es decir, sabía que existía porque dudaba, porque pensaba. De allí su máxima: «Pienso, luego existo».

A partir de ese momento, la religión fue cediendo terreno y comenzó el imperio de la razón que puso fin a años de oscurantismo.

Quizá pueda parecer inverosímil que una idea sea capaz de impactar tanto sobre la realidad como para llegar a modificarla. Pero ese es el poder de la palabra. Imaginemos la situación.

Un hombre reflexiona en soledad sobre el momento en que le toca vivir y cuestiona el orden existente. Luego comunica su pensamiento a los demás y, así como en mil años no había cambiado nada, ese pensamiento golpea las estructuras y lleva a una conclusión: si no hay Dios, nadie gobierna por derecho divino. Un siglo y medio después rueda la cabeza de Luis XVI y cae la monarquía.

Pero no seamos ingenuos. Tampoco fue tan sencillo. Aunque, como analista experimenté en carne propia el poder que tiene la palabra. He visto a pacientes derrumbar universos de dolor para alzarse con ideales nuevos.

Laura era una médica brillante de 45 años que, luego de un tiempo de análisis, narró un suceso ocurrido en su pubertad.

En aquella época vivía solo con su mamá y su hermano, porque el padre los abandonó. Producto de esa ruptura, la madre cayó en una fuerte depresión y no pudo hacerse cargo de los hijos. Por esa razón, desde que tenía 7 años, Laura era la responsable de la familia.

A los 16 comenzó a salir con un muchacho del barrio y poco después quedó embarazada. Al comunicárselo, él respondió que no tenía nada que ver con eso, porque era probable que para mantener a su familia ella tuviera sexo con otros por dinero y que, por ende, no pensaba hacerse cargo.

En sesión, Laura liberó un llanto mudo retenido durante casi treinta años.

—¿Te das cuenta? Me trató como a una puta.

Me contó que no tuvo otra alternativa más que abortar y que jamás había hablado del tema hasta ese día.

—Es injusto —repetía con voz entrecortada.

Su llanto y su angustia tenían una intensidad que no se condecía con un recuerdo. No se trataba del dolor moderado de la reminiscencia sino del tormento apasionado de la repetición, porque en transferencia ella no estaba recordando, sino reviviendo aquella escena. En ese momento, delante de mí tenía a una adolescente asustada y desvalida, y a ella le hablé. Le dije que tenía derecho a estar enojada y que no debía sentir culpa por la decisión que tomó.

—Mírame, Laura —le indiqué—. Eras una niña muerta de miedo que estaba sola. Tú sabes el infierno que pasaste y nadie tiene derecho a juzgarte. Ahora es momento de que te perdones. Además, ya no estás sola. Yo estoy aquí para ayudarte.

Ella agradeció con la mirada y, en ese gesto, la niña dejó paso a la mujer. Una mujer que ahora podía hablar. Y esa palabra posible desgastaba una angustia de años y abría la puerta a un destino diferente.

Con la razón no alcanza

Años después de Descartes, Immanuel Kant planteó que solo podemos conocer el mundo a partir de nuestros sentidos. Es decir, accedemos a las cosas por lo que podemos tocar, ver, degustar, oler o escuchar. Así, «todo nuestro conocimiento arranca por los sentidos, pasa de ellos al entendimiento y termina por último en la razón».

Pero no podemos engañarnos: no basta con la razón para entenderlo todo. Lo sabemos. Lo sentimos a diario cuando alguna de nuestras emociones derrumba cualquier argumento. ¿Qué otra cosa es la pasión, sino una fuerza que se lleva todo por delante, incluso la razón?

El mismo Kant lo reconoce. En su obra más importante, *Crítica de la razón pura*, el filósofo sostiene que apenas obtenemos un conocimiento limitado de las cosas a partir de lo que percibimos de ellas, y que esa realidad fenoménica (fenómenos), es la única experiencia posible. Además, admite que nunca podremos conocer la esencia de esas cosas (noúmeno).

Si leemos entre líneas, si hay una experiencia posible, deducimos que hay otra imposible. ¿Cuál? Justamente la que escapa a los sentidos y remite a los temas existenciales: Dios, el origen, la existencia del alma, la sexualidad o la muerte. Esas cuestiones sobre las que no hay un saber. Ese mundo que no abarcan las palabras. Ese continente estremecedor al que el Psicoanálisis, a partir de Jacques Lacan, llama *Lo Real.* Todos, en algún momento, nos hemos abismado a él.

Nadie puede comprenderlo todo. Por lo tanto, debemos aprender a vivir con una falta de saber acerca de muchas de las cosas más importantes de la vida.

Algunos autores de tango han plasmado en su poesía esta sensación de angustia ante lo imposible de aprehender: «¿Dónde estaba Dios cuando te fuiste?…». «¿Quién se robó mi niñez?…». «Sus ojos se cerraron y el mundo sigue andando…». «Uno está tan solo en su dolor…». «Los años han pasado, terribles, malvados…». «La vida es una herida absurda…».

El querido poeta Horacio Ferrer dijo que el tango era «poesía vuelta pregunta constante que habita en el territorio del misterio», de lo que no tiene respuesta. «Una especie de duelo o batalla (o una armonía) con la existencia».

El arte es un intento de acceder a lo innombrable. Con un movimiento, un trazo, una melodía o una metáfora rasguña la piel de lo imposible y calma, al menos un poco, la desazón ante el vacío.

Un siglo después de la muerte de Kant, Karl Jaspers postuló que, a medida que avanzamos en el intento de entender el mundo, más tarde o más temprano, vamos a toparnos con un límite infranqueable. Por mucho que lo intentemos, hay un paso que no podremos dar de la mano de la razón. Llegado ese momento, tendremos que tomar una decisión: o nos resignamos o abandonamos la razón y damos un salto al vacío. A ese salto, Jaspers lo llama fe. La razón no alcanza para demostrar la existencia de Dios, pero la fe posibilita la aceptación de la presencia divina sin necesidad de pruebas ni cuestionamientos.

Más allá de la postura que se tenga ante la fe, debemos admitir que no es suficiente la razón para comprender, ya no solo el cosmos o Dios, sino nuestra propia vida.

Somos para nosotros un enigma tan grande como el universo mismo.

Ni especiales, ni divinos

En su artículo «Una dificultad del Psicoanálisis», Sigmund Freud señaló que, a lo largo de la historia, la humanidad ha sufrido tres grandes heridas narcisistas.

La primera de ellas fue la revolución copernicana.

En pleno Renacimiento, Nicolás Copérnico demostró que la Tierra no era el centro del universo. Ese fue el primer gran cachetazo a nuestro orgullo. Tuvimos que admitir que no vivimos en un lugar privilegiado, sino que, como luego diría Nietzsche, nuestro planeta es solo uno más de los astros que deambulan por el cielo.

La segunda herida narcisista la produjo Darwin al negar que el ser humano sea una creación divina hecha a imagen y semejanza de Dios. Según él, no somos sino un eslabón más en la escala evolutiva.

Sin embargo, nos quedaba todavía un motivo para sentirnos distintos: éramos los únicos seres racionales y conscientes capaces de tomar decisiones que armonizaran sus actos y deseos. Entonces llegó Freud y produjo la tercera y más profunda de las heridas a nuestro ego al develar la existencia del Inconsciente. Con este descubrimiento señaló la ambivalencia que nos recorre y denunció que nadie puede decir con exactitud qué desea, porque es posible que, mientras una parte de nosotros quiera una cosa, otra desee exactamente lo contrario y, aunque creamos buscar la felicidad, llevamos una fuerza que nos empuja a sufrir. A esa fuerza, los analistas la llamamos *pulsión de muerte*.

Por ejemplo, ¿qué hace la persona que ha sido abandonada por quien ama? Llega a su casa, enciende una luz tenue, se sirve una copa de vino, mira si su ex está en línea e imagina con quién estará chateando, relee los *e-mails* antiguos, esos que fueron escritos por alguien que ya no existe, llora, se entrega a un goce masoquista y, de esa manera, complace a esa parte que busca el sufrimiento como modo de satisfacción. Ojalá pudiéramos circunscribir la pulsión de muerte a un momento tan acotado, sería mucho más sencillo. Pero la pulsión de muerte no se detiene ahí, va por todo y, en ocasiones, contamina las relaciones de pareja, familia o trabajo, dificulta el estudio y destruye cada una de nuestras actividades.

Lo sabemos. A diario vemos cómo la pulsión de muerte se adueña de nuestras pasiones y, cuando eso ocurre, los celos, la necesidad de posesión, el miedo, la desconfianza, o la violencia, aparecen y se llevan por delante la vida.

El concepto de *pulsión de muerte* revela que tampoco es cierto que hayamos nacido para ser felices. Como sentenció Freud: «No hay nada en el plan del universo que contemple la felicidad humana». Por el contrario, alcanzar la felicidad es todo un reto y, para lograrlo, muchas veces debemos ir en contra de nuestra propia naturaleza.

¿Por qué, tantas veces, arruinamos todo sin darnos cuenta? Porque hay motivaciones ocultas que condicionan nuestro comportamiento. Con el descubrimiento del Inconsciente cae una creencia tan ingenua como errada: no es verdad que seamos dueños de nuestra voluntad y nuestros deseos.

Experimentamos el Inconsciente como si fuera algo extraño a nosotros. Por eso, cuando aparece bajo alguna de sus formas (sueños, lapsus, actos fallidos, chistes o síntomas) nos invade una sensación de asombro. Si eso ocurre, miramos lo que hemos hecho y, como escribió Serrat, «nos despertamos sin saber qué pasa».

* * *

A fines del siglo XIX, Robert Stevenson publica una *nouvelle*, una novela breve, en la que relata el extraño caso de Jekyll y Hyde.

El doctor Jekyll era un hombre educado y correcto que se había ganado la amistad y el respeto de todos quienes lo conocían. Sin embargo, en lo profundo, era consciente de que a veces lo asaltaban pensamientos agresivos y emociones violentas. Fue así como descubrió que contenía dos naturalezas opuestas: una bondadosa y otra maligna, y decidió que debía encontrar la forma de separarlas. Necesitaba romper los lazos que lo ataban a esas pasiones bajas y destructivas.

Trabajó durante mucho tiempo en su laboratorio, hasta que descubrió una fórmula que le permitió concretar su anhelo. Al probar la poción, apareció ese costado oscuro que lo habitaba y se convirtió en otra persona. Un ser malévolo y repugnante: Mr. Hyde. Alguien despreciable y sin conciencia moral que cometía todo tipo de delitos, incluso asesinatos. Enterado de esto, Jekyll comprendió que no podía permitir que Hyde reapareciera y decidió dejar de tomar la fórmula. Pero no dio resultado, porque esa otra personalidad, Mr. Hyde, comenzó a aparecer en los momentos más inesperados y sin necesidad de que él bebiera la poción.

Desesperado, tomó la decisión de suicidarse y dejar una carta explicando todo a un amigo. Aunque, en realidad, ese suicidio, es decir, la muerte del doctor Jekyll, no fue sino uno más de los asesinatos de Mr. Hyde.

Como vemos, al mismo tiempo que Freud investigaba acerca de las motivaciones psicológicas que producen el dolor emocional, también la literatura lo hacía a su manera.

No deja de ser una rima interesante que la palabra *hide* —con «i»— signifique «esconder». Entonces, si *hidden* es «escondido» u «oculto», poco cuesta deducir que Mr. Hyde es la metáfora que Stevenson encontró para nombrar los impulsos destructivos que, secretamente, recorren a todo ser humano: la pulsión de muerte.

También Mark Twain se sintió perturbado por el tema. Periodista y escritor, conocido especialmente por *El príncipe y el mendigo* y *Las aventuras de Tom Sawyer*, Twain fue un hombre atormentado. No era para menos. Su hija Susy falleció a los 24 años producto de una meningitis. Ocho años después murió su esposa, Olivia. Al poco tiempo, durante una Nochebuena, su hija Jean sufrió un ataque de epilepsia que le produjo la muerte.

Se entiende que, después de todo eso, Twain haya renegado del mundo, de la vida y hasta del mismo Dios. Es probable que ese vacío existencial lo llevara a la introspección más profunda. Así lo escribió en sus diarios:

> Hay dos personas en nuestro interior: el que está despierto y el que aparece cuando dormimos, que se separa de nosotros y puede vagar por donde quiera, haciendo lo que no nos atrevemos a hacer despiertos. Los actos y las palabras

> de una persona son solo una ínfima parte de su vida. Su vida verdadera se da en su cabeza y ni siquiera esa persona la conoce. Todos los días, durante todo el día, el molino de su mente muele y tritura esa masa que bulle sin descanso mientras duerme.

Una manera precisa de sugerir la existencia del Inconsciente. Pero hay un detalle mucho más escalofriante.

Twain nació en 1835, durante una de las visitas del famoso cometa Halley. Al respecto, dijo:

> Vine al mundo con el cometa Halley, en 1835. Vuelve de nuevo el próximo año, y espero marcharme con él. Será la mayor desilusión de mi vida si no me voy con el cometa Halley. El todopoderoso ha dicho, sin duda: «Ahora están aquí estos dos fenómenos inexplicables; vinieron juntos, juntos deben partir». ¡Ah! Lo espero con impaciencia.

Mark Twain murió cuando tenía 70 años, a las seis de la tarde del 21 de abril de 1910, un día antes de que el cometa Halley tocara en su recorrido el punto más cercano a la Tierra.

De esa manera brutal actúa la pulsión de muerte.

Lo que está de más, lastima

Los griegos acuñaron la noción de *hibris* para señalar algo que temían y despreciaban: la desmesura. Esos momentos en que las emociones nos avasallan y hacen que perdamos el control.

Al parecer, los dioses aceptaban solo una cierta cantidad de placer o dolor en el ser humano, y toda sensación que escapara de esos límites era vista como una transgresión que debía ser sancionada.

Como es sabido, los Juegos Olímpicos eran algo muy serio en aquellos tiempos. Los vencedores eran distinguidos con todo tipo de homenajes: se realizaban fiestas, se erguían monumentos en su honor y se construían leyendas que los sobrevivían por siglos. Muchas ciudades encontraron su fama a partir de sus campeones.

Se cuenta que Filipo II de Macedonia recibió el mismo día tres noticias importantes: el nacimiento de Alejandro, su heredero, el triunfo en Olimpia de uno de sus caballos y la victoria de su ejército en uno de los frentes de batalla. Abrumado, rogó a Tique, diosa del destino, que por favor le enviara una desgracia pequeña porque, como todos en ese tiempo, temía a la desmesura. Creía que los dioses exigían cierta simetría en la vida de los seres humanos, y él había tenido una suerte tan grande que tuvo miedo de ser castigado por esa fortuna excesiva. Algo que ocurría a menudo.

Cuando el héroe Áyax partió a la guerra, su padre, Telamón, le dijo que siempre aspirara a vencer con la ayuda de los dioses. Pero Áyax, lleno de soberbia, contestó: «Con tal ayuda de los dioses puede adquirir fuerza incluso uno que no valga; yo me creo capaz de adquirir fama aun sin ellos». Los habitantes del Olimpo no se caracterizaban por su tolerancia, y esos dichos provocaron el encono de Atenea, diosa de la sabiduría y de la guerra. Cuando Áyax rehusó una vez más su ayuda jactándose de que el enemigo no podía pasar por donde él estaba, la diosa montó en cólera y lo condenó a la locura, llevándolo a realizar actos indignos para alguien como él. Al despertar de su delirio, Áyax descubrió que había mancillado su espada de guerrero y, deshonrado, prefirió quitarse la vida antes que vivir en la vergüenza.

Áyax había incurrido en la desmesura de la soberbia y, como dijimos, en la Grecia clásica todo exceso era mal visto. De allí la frase que recibía a los consultantes en la entrada del oráculo de Delfos: «Nada en demasía».

También Dante, en la *Divina comedia*, suscribe esta idea. Al describir el purgatorio, lo divide en siete niveles, en cada uno de los cuales el alma debe expiar los siete pecados capitales: la soberbia (desmesura del amor propio), la envidia (desmesura en el afán de tener una posesión o virtud ajena), la ira (desmesura del enojo), la pereza (desmesura del descanso), la avaricia (desmesura del anhelo de posesión), la gula (desmesura del hambre) y la lujuria (desmesura del deseo sexual).

Esta mirada acerca de la desmesura no es ajena al Psicoanálisis.

La teoría psicoanalítica diferencia dos conceptos que en el uso cotidiano solemos utilizar como si fueran sinónimos, pero no lo son.

El placer. El goce.

Los estímulos que recibimos, tanto internos como externos, producen un aumento de la excitación psíquica. El placer aparece cuando logramos que esa excitación disminuya. Por el contrario, cuando esa tensión aumenta y atraviesa el límite de lo tolerable, surge una sensación de malestar extremo que denominamos *goce*. Por lo tanto, el goce no es placentero, es doloroso, porque es desmesura. Es el disfrute que se experimenta, por ejemplo, en los momentos de padecimiento. Instantes en los que nos aferramos al dolor de modo pasional.

Es decir que, lejos de ser sinónimos, *placer* y *goce* se excluyen. Son conceptos irreconciliables. Donde hay placer no hay goce. Donde hay goce no hay placer.

Comer, por ejemplo, disminuye la tensión que produce el hambre y genera un estado placentero. Pero si comemos hasta más no poder, lejos de experimentar la calma de la saciedad, tendremos una sensación de molestia. En esos casos no decimos que nos encontramos satisfechos, sino que «estamos llenos». ¿Llenos de qué? De goce.

El placer va de la mano del deseo y el goce, en cambio, de la pulsión de muerte.

¿De qué lado se encuentra la pasión?

Por ahora, diré que la pasión es una energía que nos impulsa a ir en busca de algo que deseamos: un ideal, un amor, o una vocación. Pero también es posible que nos arrastre hacia la búsqueda desmedida del poder, la lujuria o, como al Quijote, nos lleve a enfrentar desafíos delirantes. En esos casos, alentados por la pasión, arremetemos incluso contra las barreras que marcan los límites de la sanidad. Es decir que la pasión puede llevarnos tanto al ápice febril del encuentro amoroso, o a ese punto descontrolado de dolor al que denominamos *goce*.

Teniendo en cuenta esto, llamaré *pasión* a aquellos momentos límite del placer y del dolor que nos ponen ante el desconocimiento de lo más profundo de nosotros. Situaciones en que la razón pierde el control, ya sea porque el dolor es tan fuerte que no se encuentra la manera de detenerlo, o porque la promesa del placer absoluto brilla de tal forma que ciega.

Una de las dificultades que aparecen al intentar comprender las cuestiones afectivas es que debemos hacerlo utilizando la razón y, como afirmó Blaise Pascal: «El corazón tiene razones que la razón no entiende». ¿Y por qué no las entiende? Porque el razonamiento se construye con palabras y, técnicamente hablando, las razones del corazón (las emociones) son pensamientos sin palabras.

Por eso, somos incapaces de responder con exactitud una pregunta tan simple como: «¿qué sientes por mí?». Y, en la pretensión de hacerlo, decimos «te quiero», o «te amo», sin lograr abarcar la verdad de nuestros sentimientos, porque los sentimientos no se dejan definir por completo. Apenas si podemos rodearlos, caminar por su borde con frases que no terminan de expresar nuestra realidad afectiva.

¿Cómo poner palabras en un terreno que, por definición, es mudo? No es fácil, pero vamos a intentarlo. Para hacerlo, echaremos mano de la literatura, la filosofía, el cine y, como ya se ha visto, de la mitología. ¿Por qué mitos? Porque los *mythos* (historias) también postulan el enfrentamiento entre contrarios irreconciliables: el bien contra el mal, lo divino versus lo humano, la (pulsión de) vida batallando con la (pulsión de) muerte. No solo intentan dar respuestas a preguntas existenciales (¿cómo se creó el mundo?, ¿para qué vivimos?, ¿qué hay después de la muerte?), sino que, además, ensayan metáforas que abordan cuestiones psicológicas: el porqué del amor, la tortura de un duelo, las causas que generan que alguien lleve a cabo una venganza o las motivaciones ocultas que alientan el camino del héroe.

Pero, antes de continuar, una última historia y una advertencia final.

En 1824, don José de San Martín, uno de los libertadores argentinos más relevantes, se fue para siempre de Buenos Aires. Su esposa había muerto hacía poco y su hija Merceditas era una niña de apenas 8 años.

En 1827, la caída de su gran enemigo, Bernardino Rivadavia, lo alentó a volver, pero no bajó del barco que lo traía porque el país estaba envuelto en una guerra fratricida en la que se negó a participar. No estaba dispuesto a levantar su sable para pelear contra sus hermanos y, luego de una breve estancia en Montevideo, partió rumbo a Europa.

Aquello fue un verdadero exilio para el Libertador. Un exilio en el que, a pesar de contar con su hija y sus nietas, se sentía profundamente solo. Él mismo lo confiesa en una carta que envía a su amigo Pedro Molina: «Hace más de tres años que vivo retirado en este desierto».

El Libertador deseaba regresar a su Patria y vivir en su granja ubicada en la provincia argentina de Mendoza. Por eso dijo que, cuando la tranquilidad política de Argentina se lo permitiera, volvería para pasar aquí su vejez, «pues no deseo otra cosa que morir en su seno». Un deseo que no pudo alcanzar jamás.

Desde su casa de Grand-Bourg (Francia) le escribe a Tomás Guido, figura clave para la independencia de Argentina, una carta para contarle cómo vive:

> Ocupo mis mañanas en la cultura de un pequeño jardín y mi pequeño taller de carpintería; por la tarde salgo a paseo y en las noches, en la lectura de algunos libros; he aquí mi vida. Usted dirá que soy feliz; sí, mi amigo. Verdaderamente lo soy. A pesar de esto, ¿creerá usted si le aseguro que mi alma encuentra un vacío que existe en la misma felicidad?

San Martín era feliz. Sin embargo, no lograba evitar el vacío que lo recorría. Producto, quizá, de no poder descansar en su granja de Mendoza, ganada luego de luchar por nuestras libertades. Tal vez, la pena por el sueño perdido de la Patria Grande. A lo mejor, la ingratitud de una tierra por la que arriesgó su vida.

Fue un hombre apasionado. Pasión que lo llevó a realizar la gesta de los Andes, a renunciar a los honores por mantener sus ideales, a ofrecer a Juan Manuel de Rosas, político argentino, siendo ya un anciano, sus servicios de soldado para defender a la Patria ante la invasión de Inglaterra y Francia, arriesgando incluso su residencia en ese país.

Llevó al extremo la pasión por la valentía, el honor y la dignidad.

Pero esa pregunta, «¿creerá usted si le aseguro que mi alma encuentra un vacío que existe en la misma felicidad?», desnuda la inteligencia con la que advirtió una verdad tan dura como inevitable: en la vida no todo se puede, todo tiene un precio. Y la pasión no escapa a esta ley.

I

NOCTURNO AL AMOR

(O PRIMERA NOCHE DESVELADA)

El amor es una llaga regalada, un cauterio suave,
una herida deleitosa.

San Juan de la Cruz, según OCTAVIO PAZ

Del polvo sagrado a la inmundicia

Los mitos tienen como protagonistas a deidades que se involucran en cuestiones humanas e influyen en las personas de diversas maneras: las enamoran, las enloquecen, las protegen o las traicionan.

Desde esta mirada, la Biblia no sería un escrito mitológico, aunque la discusión al respecto es enorme.

Durante mucho tiempo se confundió *mito* con *mentira* —de allí el término *mitómano* para describir a una persona que miente de modo compulsivo—. Se entiende, entonces, que los primeros cristianos se resistieran a que su libro revelado fuera considerado un relato mitológico. Género que, por otra parte, identificaban con el paganismo. El término *pagano* significa «campesino», aunque la religión le dio un significado diferente dada la tenaz resistencia que los aldeanos presentaron a la llegada del cristianismo. Desde entonces, se le utiliza para aludir a quienes adoran a varios dioses.

Como otro de los argumentos que separa a la Biblia de la mitología sostiene que la idea de mito está asociada al politeísmo, en un relato con un Dios único no habría saga mítica posible.

De todos modos, y sin alborotar a nadie, podemos reconocer en la narrativa bíblica patrones propios de la mitología, como la lucha entre el bien y el mal, descensos a los infiernos, seres celestiales y destinos heroicos.

Más allá de esta disputa, cabe aclarar que algunos textos sagrados anteriores a la Biblia expusieron una mirada diferente. Muchos de ellos se perdieron y otros fueron suprimidos de manera deliberada, en especial aquellos que mostraban indicios de la existencia de más de un dios. Sin embargo, como si hubieran logrado eludir la censura, en el Génesis encontramos algunas de sus huellas. Por ejemplo, la presencia de dioses buenos y malos disfrazados de ángeles o serpientes.

Vamos a tomar ese escrito, el Génesis, para iniciar nuestro recorrido, pero no como figura en el corpus del Antiguo Testamento, sino utilizando una versión distinta que forma parte de aquellos antiguos escritos hebreos, de esos relatos primigenios que fueron olvidados o proscritos.

¿Por qué partir del Génesis? Porque, si se trata de pensar el amor, lo mejor es comenzar por el principio, por Adán y Eva. Aunque, como veremos, no es tan cierto que esta haya sido la primera pareja de enamorados que pisó la Tierra.

Es sabido que Dios creó el mundo en seis días y descansó el séptimo. El primero hizo la luz y la separó de la oscuridad; el segundo, el cielo y lo apartó de las aguas; el tercero, la tierra con sus bosques y sus hierbas, y los días restantes los dedicó a adornar lo ya existente. El cuarto día embelleció lo que creó al inicio. Introdujo el sol, la luna, las estrellas, y diferenció así el día de la noche. El quinto amuebló el mar y el cielo dando nacimiento a las aves y los peces, y el sexto a las bestias que caminan sobre la tierra.

Una vez hecho esto se detuvo a observar su creación y no se sintió conforme. Le pareció que su trabajo todavía no estaba concluido. Hasta que comprendió el porqué de su insatisfacción. Al mundo le faltaba un detalle: algo que se pareciera a Él. Ordenó entonces a una niebla que humedeciese la tierra, tomó un puñado y lo amasó hasta dar forma al primer hombre que, como era hijo de *Adama* (tierra), se llamó Adán. Otras versiones señalan que en realidad el nombre deriva de *adom* (rojo) porque, al parecer, Dios, Yahveh, tomó arcilla colorada para darle forma, lo cual nos invita a sospechar que el primer hombre podría haber sido pelirrojo.

Se sabe que Dios no tomó cualquier polvo al azar para crearlo. Por el contrario, eligió el más puro que existía porque deseaba que el hombre fuera la cima de su creación. Por eso, aunque su cuerpo se formó con materiales terrestres, su alma fue creada con elementos celestiales.

Dios le otorgó además la potestad de dar nombre a todas las bestias, para lo cual Adán (que por entonces era un joven de 20 años) las hizo desfilar frente a él en parejas, macho y hembra. Y sintió celos al comprobar que todos tenían una compañía en tanto que él estaba solo. Intentó copular con cada hembra de las distintas especies, pero no encontró satisfacción en ello.

Enojado, gritó al creador que no podía ser que todas las criaturas tuvieran una pareja adecuada y él no, y le suplicó que remediara esa injusticia. Dios accedió a su pedido y, como lo hizo con Adán, formó a la primera mujer, aunque esta vez no utilizó tierra sagrada sino inmundicia y sedimento. Este dato perturbador, extraído de *Los mitos hebreos*, el libro de Robert Graves y Raphael Patai, demuestra que la degradación de las mujeres no es un fenómeno reciente. Por el contrario, muchos mitos fundacionales, como el que estamos tomando, plantean la hegemonía del hombre sobre la mujer por el modo mismo en que uno y otra fueron creados.

El hecho es que Yahveh cumplió el deseo del hombre y le dio una mujer, aunque su nombre no fue Eva, sino Lilit. Pero esta relación no prosperó porque ella se negó a yacer con Adán. Al parecer, se sentía ofendida por la postura reclinada que él le exigía a la hora del sexo, y le cuestionó por qué debía tenderse debajo de él. «Yo también fui hecha con polvo y, por lo tanto, soy tu igual», protestó. A pesar de sus demandas, Adán intentó forzarla a tener relaciones hasta que, furiosa, Lilit «pronunció el nombre mágico de Dios, se elevó por los aires y lo abandonó».

Adán se quejó ante el Padre celestial, pero por más que este le ordenó a Lilit que volviera al Edén, ella se negó a obedecerlo. A partir de entonces, su nombre fue olvidado por algunos y convertido en un símbolo demoniaco por otros.

Es evidente que, desde mucho antes de lo que pensamos, las mujeres que arriesgaron la vida en defensa de sus derechos molestaron a quienes detentaban el poder.

La cuestión es que Yahveh no se dio por vencido y, a pesar de su fracaso, volvió a intentarlo. Esta vez le permitió a Adán observar mientras él creaba a la primera Eva. El hombre vio cómo Dios mezclaba huesos, músculos, sangre y los cubría de piel y pelos, y la escena le resultó tan repugnante que, cuando ella se paró delante de él con toda su belleza, lo único que sintió fue asco. Dios había vuelto a fracasar.

Sin embargo, no iba a darse por vencido, probaría una vez más. Aunque no cometería dos veces el mismo error. Esperó a que Adán estuviera dormido y entonces extrajo una parte de su cuerpo para formar a la mujer. Los relatos hebreos indican que se trató de una cola terminada en un aguijón que, en esa época, formaba parte de la especie humana. La cicatriz de aquella amputación sigue presente en toda su descendencia hasta nuestros días: el coxis. Aparece aquí una nueva ofensa a la femineidad: Eva nacida de un aguijón.

Otros relatos, menos misóginos, dan cuenta de que fue una costilla lo que Dios tomó de Adán para crear a la mujer. Más tarde le puso cabello y la adornó con 24 joyas, como si se tratara de una novia. Cuando Adán despertó quedó deslumbrado ante su belleza y, al parecer, Eva no tuvo objeciones en acostarse debajo de él. Por fin Dios lo había conseguido, dando quizás origen a una frase que haría historia: la tercera es la vencida.

Satisfecho, Yahveh dio por concluido su trabajo. Adán y Eva ya podían vivir en el Paraíso y disfrutar de su amor para siempre. Sin embargo, las cosas no serían ni tan fáciles ni tan eternas.

Del paraíso al sufrimiento

Como señaló Alejandro Dolina, periodista y músico argentino, en la vida todo tiene al menos una condición, y con esa alcanza para arruinarlo todo. En este caso, la condición que Dios les impuso fue la prohibición de acercarse al fruto del Árbol de la Ciencia del Bien y del Mal, porque comerlo, o solo tocarlo, bastaría para que murieran. Pero El Creador no tuvo en cuenta que la prohibición es la manera más eficaz de generar el deseo. Y el deseo llegó despertando la tentación.

Según un *midrás*, un antiguo estudio rabínico, la serpiente empujó a Eva contra el Árbol de la Ciencia y le dijo:

> No habéis muerto después de tocar este árbol, ni moriréis después de comer su fruto... comed y sed sabios para que Dios no envíe nuevos seres que usurpen vuestro gobierno.

El relato sostiene que, ni bien los hombros de Eva rozaron el árbol, ella vio que el Ángel de la Muerte se acercaba y la invadió un temor profundo, pero no a morir, sino a que luego de su muerte Dios le diera a Adán una nueva mujer. Desesperada ante la posibilidad de que él se acostara con otra, y antes de que Yahveh se enterara de su desobediencia y la castigara, corrió al encuentro de su hombre para convencerlo de que también mordiera del fruto prohibido.

Imagino la escena.

Eva está angustiada, le cuesta hablar y el dolor le arranca un llanto primitivo.

—He pecado —balbucea— y si no comes junto conmigo, cuando Dios me expulse del paraíso, estaremos separados por toda la eternidad.

Intuyo sus manos temblorosas acercándole el fruto y los ojos de Adán, que lo observan sin saber qué hacer, dudando si acceder al impulso de seguirla o acatar el mandato divino. Hasta que la mirada de Eva, quizás el recuerdo de su respiración agitada, de sus gemidos y la humedad de ese cuerpo que tanto placer le daba durante el encuentro sexual, terminaron por convencerlo y mordió. De seguro, Adán sintió que jamás podría aceptar a otra mujer por compañera y prefirió morir a sobrevivirla.

Se cuenta que una vez que mordió el fruto la miró y advirtió que estaba desnuda, aunque me permito dudar de esto. Es obvio que Adán ya se había dado cuenta de esa desnudez, que ya se había extasiado con su visión y que la había disfrutado hasta el punto tal que la angustia de tener que renunciar a Eva fue más fuerte que el temor a Dios.

Por haber desobedecido al Creador, todos los árboles se negaron a darles sus hojas para cubrirse con excepción del Árbol de la Ciencia, quien valoró que hubieran preferido la sabiduría a la inmortalidad.

El resto de la historia es conocido.

Enojado, Yahveh los castigó, no solo con la expulsión del Paraíso. Además, condenó a Eva a parir con dolor y a ser dominada por su marido, y a este a trabajar para conseguir el alimento con el sudor de su frente todos los días. Sin embargo, tuvo un gesto de indulgencia con respecto a la vestimenta. Considerando que las hojas iban a resultar insuficientes o débiles ante las tareas que los esperaban, les hizo unas túnicas de piel, después de lo cual los echó del Edén. Al parecer, el ardor que despiertan dos cuerpos desnudos siempre preocupó a los espíritus religiosos. Y eso tiene una explicación. Ya veremos cuál.

Es probable que muchos se estén preguntando por qué Adán, sabiendo el destino que le esperaba si mordía del fruto, eligió hacerlo de todos modos. ¿Por qué optó por Eva y no por la vida eterna?

Nadie respondió esa pregunta mejor que Mark Twain en su libro *Los diarios de Adán y Eva*. Allí imagina el epitafio que Adán dejó en la tumba de su compañera. Jorge Luis Borges y Adolfo Bioy Casares lo rescatan en una compilación que realizaron juntos: *Libro del Cielo y del Infierno*.

Vislumbro la escena.

Eva ha muerto y Adán llora de dolor sobre su tumba. En un momento, se inclina y escribe unas palabras sobre la lápida. Segundos después se retira abatido, y podemos leer que, en la piedra, el enamorado ha grabado la siguiente frase: «El paraíso estaba donde ella estaba».

Por eso Adán tomó aquella decisión. Dios se había equivocado. El paraíso no era el Edén que construyó para ellos, sino la pasión que los recorría y demandaba la urgencia del encuentro amoroso. Sin ese encuentro cualquier lugar sería el infierno.

El amado es el verdadero dios del amante.

Pero no siempre la divinidad jugó en contra de los enamorados.

Los mitos griegos cuentan que mientras realizaban un viaje, disfrazados de mendigos, Zeus, el príncipe del Olimpo, y su hijo Hermes, el mensajero de los dioses, llegaron a la ciudad de Frigia en momentos en que arreciaba una tormenta.

Los veo con sus harapos, suplicando a los habitantes del lugar un sitio donde refugiarse y pasar la noche. Pero ellos los miran con desprecio y se alejan. Les molestan su aspecto, sus ropas y se niegan a darles asilo. De pronto, una pareja humilde se les acerca: Filemón y Baucis. Les comentan que son muy pobres pero que, si ellos lo desean, pueden quedarse en su cabaña. Al entrar en la casa, Zeus y Hermes comprueban que, en efecto, se trata de un matrimonio con muchas carencias. Y se asombran más aún, al ver que no solo les brindan cobijo, sino que también les ofrecen de comer y beber.

Al rato, Baucis se percata de algo muy raro. Ha servido en reiteradas oportunidades los vasos de los visitantes y, sin embargo, la jarra de vino continúa llena. Al notar su asombro, los forasteros le sonríen y ella comprende que, en realidad, sus invitados no son mendigos sino dioses. Avergonzada, siente que la comida que acaba de servirles es demasiado humilde para semejantes invitados, y se pregunta qué puede hacer para agasajarlos como se merecen. En ese instante decide sacrificar su única pertenencia: un ganso que guardaba con recelo. Entonces, sale en busca del animal, quien, al verla, corre desesperado y salta hacia el regazo de Zeus. El dios sonríe, mira a su anfitriona y le asegura que no es necesario tal sacrificio.

—Estamos satisfechos. Además, debemos retirarnos.

Pero antes de partir les revela sus intenciones.

—En realidad, al pedir ayuda estábamos poniendo a prueba la hospitalidad de los pobladores. Y no pasaron esa prueba. Por eso, voy a destruir la ciudad y a todos aquellos que nos negaron su favor. Pero ustedes son distintos y no merecen el castigo. Les ordeno que suban a lo alto de la montaña conmigo y no miren atrás hasta llegar a la cima. —Y sin más comienza a andar.

La pareja acata la orden divina y camina sin voltearse hasta llegar a la cumbre. Una vez allí, se dan vuelta y observan cómo la ciudad de Frigia yace devastada por una inundación.

—Miren allá —les señala Zeus.

Con asombro, la pareja comprueba que, a pesar del diluvio, su casa permanece intacta.

—La he conservado para que, a partir de ahora, allí se levante un templo en mi honor —concluye el dios y, antes de irse, su gesto se suaviza y agrega—: Ustedes fueron los únicos que tuvieron piedad con dos desconocidos, honraron la obligación del anfitrión y compartieron su alimento. Como despedida, quiero hacerles un regalo. Pidan un deseo y les será concedido.

Baucis y Filemón se miran un segundo, después del cual, ella le ruega que los deje permanecer como guardianes del nuevo templo. Zeus está a punto de aceptar cuando Filemón lo interrumpe.

—Príncipe de los dioses, es tan grande el amor que sentimos el uno por el otro que no podríamos vivir separados. Por favor, deja que vivamos la mayor cantidad de tiempo posible juntos. Permite que la muerte nos llegue en el mismo instante —le suplica—. «Que yo no vea la pira de Baucis ni que ella me sepulte».

Zeus les concede el deseo y se va. No obstante, nunca se olvidó de ellos y del amor que los unía. Por eso, mucho después, regresó para verlos.

El tiempo había pasado, Filemón y Baucis estaban a punto de morir. Sin molestarlos, mientras ellos se decían sus últimas palabras, el dios los convirtió en árboles para que pudieran inclinarse uno hacia el otro y así acariciarse eternamente con sus ramas. A Filemón lo transformó en roble, y a Baucis en tilo.

Ya viejo, Unamuno decía: «No siento nada cuando rozo las piernas de mi mujer, pero me duelen las mías si a ella le duelen las suyas». También eso es el amor.

El maestro Octavio Paz, quien nos acompañará en muchos tramos del camino, sostuvo que «el amor es una de las respuestas que el hombre ha inventado para mirar de frente a la muerte». Como ese roble y ese tilo que los dioses plantaron frente a frente para vencer al destino, «por el amor le robamos al tiempo que nos mata unas cuantas horas que a veces transformamos en paraíso y a veces en infierno».

Deseo y dolor

La palabra *amor* tiene un extenso recorrido, y a lo largo de la historia aludió a diversos tipos de vínculo o emoción. Tenemos la costumbre de creer que lo que es siempre ha sido y siempre lo será. La fuerza del presente es tal que suele ignorar el pasado y el futuro. Por eso pensamos que el amor, el deseo o la pareja han significado lo mismo en todos los tiempos y lugares. No es así. Basta con mirar alrededor para darnos cuenta de que ahora mismo hay modos muy diferentes de experimentar el amor.

Los griegos tenían tres palabras que designaban distintas formas de amar. Eros es la pasión. El amor a lo que no tenemos. El amor que anhela posesión. Filia, en cambio, es el amor en el encuentro. El disfrute de lo compartido. Ágape, por su parte, refiere al amor cristiano. Amor al prójimo, al enemigo, a aquel con quien no me une nada.

El banquete, la obra maravillosa de Platón, relata el encuentro de seis amigos que se reúnen a festejar que uno de ellos ganó un premio con una de las tragedias que escribió. Cabe aclarar que los griegos, como los argentinos, acostumbraban a celebrar sus encuentros comiendo. Pero, a diferencia de nosotros, eran muy organizados y elegían de antemano cuál sería el tema de conversación, e incluso el orden en que cada comensal expondría sus ideas.

La cuestión es que aquella noche fue dedicada al amor, y por turnos cada uno dio su opinión. Si bien eran seis, me gustaría detenerme en lo expuesto por dos de ellos, cuyos dichos han dejado una impronta que sigue vigente en nuestros días.

El primero es Sócrates, que sostuvo un juicio inquietante: «El amor es carencia y la carencia es dolor». Es decir que, según él, estamos condenados a amar siempre lo que nos falta. El amor es eros.

Esta postura deja al enamorado en un lugar de permanente frustración porque, si solo se ama lo que no se tiene, deducimos que, en caso de concretar ese vínculo, el desengaño vendría a matar al amor.

En la misma dirección, Schopenhauer dijo que cuando deseamos lo que no tenemos obtenemos carencia y frustración, lo que denominó *sufrimiento*. Y concluyó que si llegáramos a conseguir lo que buscamos, no lograríamos la felicidad sino el aburrimiento. Por eso afirmó: «La vida oscila, como un péndulo, del dolor al hastío».

Recuerdo que, en una fría madrugada porteña mientras charlábamos acerca del amor, un poco en serio y un poco en broma, mi amigo Alejandro Dolina me confesó que él fluctuaba todo el tiempo entre la angustia del rechazo y el tedio de la aceptación. Un modo mucho más poético de suscribir la hipótesis fatalista de Schopenhauer.

Desde el Psicoanálisis, podría compartir la postura de Sócrates a no ser por un detalle: en ella se confunden el amor y el deseo, dos cosas bien distintas. Es el deseo y no el amor el que queda siempre insatisfecho. El deseo se alimenta de la falta y, por ende, es deseo de lo que no hay, es siempre deseo de otra cosa, de algo diferente a lo que creemos anhelar.

Las religiones orientales acuñaron el concepto de *nirvana* para describir un estado de paz en el que ya no se desea nada. Según ellos, quien lo ha alcanzado, como Buda, vive en calma y armonía porque ha roto las cadenas que lo ataban a los deseos mundanos.

Freud toma esta noción y plantea la existencia del «principio de nirvana» como la lógica psíquica que sostiene la pulsión de muerte. Porque la abolición de todo deseo implicaría perder, incluso, el deseo de vivir.

La ausencia de deseo no conduce a la felicidad sino a la angustia, y no trae la paz sino la depresión.

Dentro de mí mismo me perdí

Enrique Santos Discépolo, compositor y músico argentino, ese «Homero aporteñado» creador de algunas de las páginas más hermosas de la mitología tanguera, con motivo de una gira que realizaba por Europa, visitó el Monasterio de Cartuja de Valldemossa, en Mallorca, España.

Lo veo entrar en el lugar con su extrema delgadez y su rostro anguloso. Mira alrededor y tiene la impresión de ingresar a una tumba. Sabe que en ese lugar vivieron Frédéric Chopin y George Sand. Se detiene e imagina al genial músico allí, sabiéndose enfermo, con poco tiempo, atormentado y urgido por concluir su obra. El sonido del viento azota las paredes derruidas con ferocidad. El clima sombrío y el recuerdo del pianista agonizante lo sumen en un estado tal que, sin pensarlo siquiera, esboza unos pocos versos tan atormentados como el sitio en donde está.

En ese momento no sabe que aquellas palabras son el germen de lo que años más tarde se convertirá en una de sus obras más sublimes:

¡Soy una canción desesperada!
Hoja enloquecida en el turbión…
Por tu amor, mi fe desorientada
se hundió, destrozando mi corazón.
Dentro de mí mismo me he perdido,
ciego de llorar una ilusión…
Soy una pregunta empecinada
que grita su dolor y tu traición…

¿Por qué me enseñaron a amar,
si es volcar sin sentido los sueños al mar?
Si el amor es un viejo enemigo

que enciende castigos y enseña a llorar…
Yo pregunto: ¿por qué…?
Sí, ¿por qué me enseñaron a amar,
si al amarte mataba mi amor?
Burla atroz de dar todo por nada
y al fin de un adiós, despertar: ¡llorando!

¿Dónde estaba Dios cuando te fuiste?
¿Dónde estaba el sol que no te vio?
¿Cómo una mujer no entiende nunca
que un hombre da todo, dando su amor?
¿Quién les hace creer otros destinos?
¿Quién deshace así tanta ilusión?
Soy una canción desesperada
que grita su dolor y su traición...

Discépolo vuelve poema lo que Freud hizo teoría: «Quien ama sufre, quien no ama, enferma».

«Quien ama sufre» porque el amor y el dolor son inseparables. Nadie sufre por algo que no haya amado. Una pareja que nos deja, un ser querido que muere, un sueño que no fue, la juventud que se ha ido, o algún tiempo en que fuimos felices y ya no está.

Todo lo que hoy nos duele, duele porque antes fue amor.

Freud sostuvo además que «nunca estamos tan indefensos como cuando nos enamoramos». Ocurre que, cuando nos liga a algo o alguien, el amor nos coloca en una situación de extrema vulnerabilidad.

Tomemos como ejemplo el amor de pareja.

Cuando amamos, comprendemos que nuestra felicidad ya no depende de nosotros sino de otro. Otro que puede ausentarse, dudar, o angustiarnos con sus enojos, otro a quien tememos perder.

Todo amor atraviesa momentos de crisis, inseguridades, diferencias, y en esos instantes se sufre. Una vez pasada la ilusión del enamoramiento, cuando nos quedamos cara a cara con lo más genuino del otro —es decir con sus virtudes, sus defectos y limitaciones—, reaparece la falta que el enamoramiento había velado, y con ella se reinstala el dolor de sabernos solos. Toda persona que haya amado de verdad alguna vez, puede dar cuenta de que el amor no trae la completud anhelada, ni disipa la sensación de soledad que a veces nos recorre.

Pretender un amor sin dolor es una utopía. Un cierto grado de incomodidad marca la sanidad del vínculo amoroso, porque evidencia que percibimos que no todo es tan simple ni tan perfecto, que debemos trabajar para construir acuerdos, y aceptar que el otro no tiene por qué ser igual a nosotros. Cuando esto no sucede, el amado no cae del pedestal, se niegan las diferencias, los deseos individuales que no tienen lugar en la pareja, y se olvida que el amor es la unión de dos sujetos solos que construyen un espacio común. Si el vínculo es sano, en ese espacio compartido la vida es más placentera. Cuando el amor es enfermo, la vida es mucho peor.

De cualquier modo, la vida duele, pero nadie muere de dolor. Por el contrario, el dolor es la prueba de que estamos vivos, dando batalla. Es la manifestación concreta del trabajo que la psiquis realiza al intentar recuperar el equilibrio emocional que se ha perdido. Como señaló el doctor Juan David Nasio: «El dolor es la última barrera que se levanta para protegernos de la muerte o la locura».

Vivir requiere tener el valor de habitar un espacio lleno de ausencias, de anhelos inalcanzables y amores imposibles.

Completando el análisis de la cita de Freud, «quien no ama, enferma», porque ha perdido esa energía vital que llamamos *libido* y, por ende, no puede erotizar su mundo. Ausente de deseo, su vida se oscurece y se silencia. Una tristeza diferente a la tristeza cotidiana, mucho más cruel y profunda, lo recorre e instala la idea de que no vale la pena seguir.

La «Canción desesperada» de Discépolo es la descripción feroz del horror que atraviesa quien sufre una depresión. ¿Para qué?, es la pregunta que se abre paso en su mente. ¿Para qué?, si no hay sueños por soñar ni anhelos que iluminen el tiempo por venir. Y esa es «la pregunta empecinada que grita su dolor…».

El infierno depresivo es otra de las formas de la pasión. En él anida la desmesura de la tristeza, del dolor, de la ira y de la soledad.

* * *

Frente a mí, aferrado a una mochila de color negro, Germán me mira fijo. De pronto saca un cuchillo y lo coloca sobre la mesa.

—¿Qué significa esto? —le pregunto.

Se toma unos segundos antes de responder.

—Es el cuchillo que usa mi padre cuando hace asados.

—¿Y por qué lo traes contigo?

Su voz se quiebra.

—Hace un par de semanas lo agarré del cajón… quería matarme. —Pausa—. No soy un psicópata, ni pretendo engañarte. Te juro que, de verdad, ese día sentí que mi vida no tenía ningún sentido. Pero cuando iba a hacerlo me acordé que Valeria, una vecina que se atiende contigo, el otro día me vio mal y me sugirió que te contactara. Entonces, le toqué el timbre, le pedí tu teléfono y decidí llamarte.

—¿Por qué?

Duda.

—Realmente, no sé por qué te llamé.

—No te pregunto por qué me llamaste, sino por qué querías matarte.

Baja la vista.

—Porque no tengo nada por qué vivir.

—Cuéntame algo de ti —lo interrumpo.

Se asombra.

—¿Y qué te puedo contar?

No me importaba lo que pudiera contarme. Solo quería que hablara para que las palabras desgastaran un poco su angustia.

—Lo que quieras.

—Bueno… No tengo pareja, no tengo amigos… Tengo 38 años, y todavía vivo con mis padres.

—¿Por qué «todavía»? ¿Te parece mal?

—Claro que me parece mal —me encara—. A esta edad ya debería estar casado, tener hijos, una casa propia, y sin embargo, sigo con el «pecado» sin vender.

Hago una pausa y, al darme cuenta de que no ha advertido el lapsus, lo interrogo.

—¿Y cuál es ese pecado?

—¿Qué pecado? —pregunta.

—El que dices que sigue sin venderse.

Está a punto de responder, pero se da cuenta de lo sucedido.

—¿Eso dije?

—Sí.

—Quise decir «pescado».

—Pero dijiste otra cosa.

—¿Y por qué?

—No lo sé. ¿Y tú?

—Tampoco.

Germán se queda callado y yo me relajo. Comprendo que ya no está pensando en matarse, sino en por qué dijo lo que dijo.

Estar delante de alguien que tiene ideas suicidas es muy difícil. No siempre puede advertirse si se trata solo de una fantasía o si, por el contrario, el paciente está llegando a un punto sin retorno. El hecho de que hubiera traído el cuchillo no era un detalle menor, y deduje que ese acto era la manera que había encontrado de exponer su dolor. Un modo no tan sano ni eficaz como la palabra, pero al menos quería ser escuchado, y me dispuse a hacerlo.

Algunas sesiones después hablamos de su trabajo. Germán se mostraba inconforme. Según él, tuvo que aceptarlo porque su padre movió algunas influencias para que lo aceptaran como empleado en un banco, cosa que no era fácil porque ni siquiera había terminado la preparatoria. En su tono había un dejo de tristeza y avancé en esa dirección.

—¿Te apena haber abandonado el colegio?

—Sí.

—¿Y por qué lo hiciste?

—Ya sabes cómo es eso. Al principio no me gustaba, después fui dejando las materias truncas y nunca las pasé. Primero por vago, luego porque cada vez me acordaba menos… y ahora, porque hace 18 años que me fui. Se acabó, es demasiado tarde.

pido—. Yo no sé si vas a recibirte o no, pero si lo haces, te juro que voy a acompañarte a recibir el título, y luego de la ceremonia te voy a invitar a cenar.

Sonríe.

—¿Y si no me recibo?

—Seguiremos trabajando juntos, como cada semana.

Ese año, Germán terminó la preparatoria y se inscribió en la facultad. Cursó el primero, el segundo, el tercero y el cuarto año, hasta que se recibió.

Me lo comunicó con una profunda emoción y me preguntó:

—¿Vas a venir a la entrega del título?

—Por supuesto —respondí. Un analista no debe faltar al compromiso que toma con su paciente.

Esa noche hacía frío. Solo daban dos entradas por egresado, y él había decidido que estuviéramos su madre y yo. El papá esperaba ansioso en la banqueta. Cuando lo nombraron, subió al escenario a recibir el título. Luego bajó, besó a su mamá, me dio un abrazo muy fuerte y susurró en mi oído:

—¿Te acuerdas del día que fui a verte por primera vez? Yo tenía en la mano un cuchillo… mira lo que tengo ahora —levantó el papel.

Yo estaba conmovido, pero seguía siendo su analista. Por eso le pregunté:

—¿Y qué tienes en la mano, Germán?

Me miró sorprendido.

—Mi título.

—No —lo contradije—. Lo que tú tienes en la mano es la prueba de que siempre vale la pena arriesgarse por lo que se desea. Esta vez pudiste concretar tu sueño. Es posible que en otra ocasión no lo consigas, pero ¿sabes qué? Eso no le va a quitar mérito a tu esfuerzo. —Lo palmeé—. Ahora vete, que afuera está tu padre esperando para darte un abrazo.

Esa noche cenamos los cuatro, y el domingo, el padre hizo un asado para agasajarlo. No estuvo solo. Muchos de los amigos que hizo en la facultad estuvieron junto a él.

«Quien ama, sufre, quien no ama, enferma…».

Germán sufrió por no poder duelar a su hermano, por sentirse en deuda permanente con sus padres. Esa mezcla de tristeza y rencor trajo aparejada una depresión crónica que arrastró casi cuarenta años. La enfermedad no le permitió construir relaciones, amar a los demás ni a su propio deseo. Pero pudo torcer su destino porque tuvo el valor de habitar ese espacio lleno de ausencias y pelear por los anhelos que parecían inalcanzables. En cuanto a la relación de pareja, guardo para él esa parte de la historia.

Para salir de un estado depresivo es fundamental reencontrar el deseo. Como lo hizo Germán.

Baruch Spinoza sostuvo que el ser humano es antes que nada deseo. El Psicoanálisis refuerza esta idea e instituye al deseo en un lugar de privilegio, reconociendo en él la fuerza que nos empuja a seguir y permite que tengamos adelante algo que nos separe de la muerte. Aunque, como hemos dicho, siempre habrá una diferencia entre lo buscado y lo obtenido.

Sin embargo, que el deseo no se satisfaga nunca por completo, no implica que debamos vivir insatisfechos, porque no es lo mismo tener adelante un sueño que nos mantenga deseantes que llevar el peso de la insatisfacción permanente. Una cosa es que algo nos falte y otra muy distinta es que eso que nos falta nos condene a una eterna frustración. La diferencia la marca el placer.

Es necesario permitirse el placer y maravillarse con el milagro de estar deseando lo que se tiene, al menos por un instante. Un instante que, por más breve que sea, resultará eterno. Parafraseando a Octavio Paz, digamos que la pasión «no nos regala la eternidad sino la vivacidad, ese minuto en que se entreabren las puertas del tiempo y del espacio».

La eternidad no implica que algo dure para siempre. La sensación de vivir en un presente pleno, de estar donde, como y con quien queremos, eso es la eternidad.

La eternidad

Alfredo es un anciano que, luego de la muerte de su esposa, se muda a un departamento en Madrid con la ayuda de su hija, Cuca. Ese mismo día, por accidente, Elsa, una mujer mayor, choca el auto de Cuca y se da a la fuga. Pero el nieto de Alfredo ve todo y delata a la responsable de los daños del vehículo. El hijo de Elsa, avergonzado, le deja un cheque a su madre para cubrir los gastos del arreglo, aunque ella inventa una historia lastimera y logra que el anciano se haga cargo de la reparación. En agradecimiento, lo invita a comer a su casa y allí comienza una historia de amor.

Desde el día en que enviudó, Alfredo se convirtió en un ser hosco y taciturno, un hombre melancolizado y sin deseos. Sin embargo, Elsa ve algo más en él y no piensa detenerse. Se le acerca, intenta seducirlo, lo invita a reírse y disfrutar, hasta que logra enamorarlo. Fred siente cómo el deseo comienza a recorrerlo y vuelve la sensación de estar vivo. Se siente feliz, pero calla, porque prometió a su difunta esposa que jamás volvería a decirle a una mujer que la amaba.

Cierto día, antes de salir de compras, el hombre se siente un poco avergonzado, pero toma valor. Le pide a Elsa que mire en el pizarrón el listado de las cosas que hacen falta. Cuando ella voltea para observar la lista se encuentra con solo dos palabras: te quiero.

Como Alfredo no podía romper con su promesa, en lugar de decirlo, lo escribió. Ella lo abraza por detrás, emocionada, saboreando aquella silenciosa confesión.

Fred está enamorado. Sabe que esa mujer transformó su existencia oscura y sin sentido en una suma de días alegres, y decide cumplirle el sueño de su vida. ¿Qué otra cosa es amar a alguien sino hacer todo lo posible para que alcance sus deseos más profundos? Pero ¿cuál era ese sueño? Ella quería ser la protagonista de *La dolce vita* y, como Anita Ekberg, bañarse en la *Fontana di Trevi*. Entonces, Fred compra los pasajes a Roma y la lleva hasta la fuente.

Ella no puede creerlo. Está allí, en ese sitio que hasta ahora había sido nada más que una imagen anhelada en una pantalla de cine. A pesar de su edad y del frío intenso del invierno, entra en la *fontana* para que las aguas la empapen. Él se sienta a un costado y la mira emocionado. Pero el sueño de Elsa aún no se ha cumplido, porque en la película, Marcello Mastroianni ingresa junto a Anita Ekberg a la fuente. Entonces, lo mira y dice:

—Ven, entra conmigo.

Él se sorprende. Se imagina tiritando bajo el agua y le susurra.

—Pero… nos vamos a enfermar.

Y ella… sí, ella, la mujer valiente y transgresora que le devolvió las ganas de vivir, le responde.

—¿Y qué? ¿Acaso te importaría mucho morirte aquí, ahora, a mi lado?

Alfredo lo piensa un segundo, luego sonríe, se quita los zapatos y camina hacia el agua.

—Marcello —pronuncia Elsa con los ojos llenos de lágrimas—, te amo más de lo que nunca amé a nadie.

Sin animarse a tocarla para no quebrar el hechizo, él rompe su promesa y habla.

—Yo también… Gracias.

El silbato de un policía los interrumpe y, entre carcajadas, Fred dice:

—Nos van a detener.

Ambos se abrazan y disfrutan de ese momento mágico.

Ese es el argumento de la película *Elsa y Fred*, protagonizada por China Zorrilla, Manuel Alexandre y dirigida por Marcos Carnevale.

¿Por qué Alfredo decidió seguirla en esa locura a pesar del frío, de la edad e incluso de la ley?

Porque ella pronunció las palabras exactas: «¿Te importaría mucho morirte aquí, ahora, a mi lado?». Y él, sin saberlo, supo que eso era la eternidad.

Como hemos dicho, la eternidad no implica que algo dure para siempre. La eternidad es la conjunción del pasado y el futuro en un presente único. La posibilidad de sentir cuando miramos unos ojos, tomamos unas manos o nos fundimos en un abrazo, que no importa mucho si morimos en ese instante porque no hay otros ojos, otras manos u otros brazos en los que quisiéramos estar, más que en esos que, por un segundo, nos han cerrado el mundo para siempre. Aunque, en las cuestiones del amor, sabemos que «para siempre» es algo que puede durar muy poco.

Otro bocado en *El banquete*

El siguiente expositor que quiero rescatar del libro de Platón es Aristófanes.

Cuando le llegó el turno, el comediante relató lo que se conoce como «el mito de los andróginos». Según él, en un principio, el mundo estaba habitado por seres circulares compuestos por dos de lo que somos ahora, de modo que había tres tipos de andróginos: uno totalmente masculino formado por dos hombres, otro totalmente femenino formado por dos mujeres y un tercero constituido por un hombre y una mujer. Como eran inmortales se atrevieron a compararse con los dioses e intentaron invadir el Olimpo. La consecuencia de semejante acto de soberbia —otra vez la desmesura— fue que Zeus los castigó partiéndolos a la mitad con un rayo. Luego los esparció por el mundo y, desde entonces, todos vamos por la vida buscando esa mitad perdida.

Deducimos, entonces, que, para Aristófanes, el amor es la emoción que nos invade cuando por fin nos encontramos con la persona que nos completa. Desde esta óptica, el amor sería la búsqueda desesperada de la completud.

Es asombroso qué impronta fuerte conserva en nuestros días aquella idea formulada en un banquete de vinos y manjares hace más de 2500 años.

Es cierto que el amor genera la ilusión de hacer de dos uno, pero es necesario denunciar que esa creencia no es más que eso, una ilusión, un deseo condenado al fracaso. No existe alguien que nos complete. Sin embargo, he escuchado a muchos pacientes decir que estaban solos porque aún no habían encontrado a quien pudiera completarlos. Pero el amor no se encuentra ni se busca, se construye. Es el fruto de un trabajo cotidiano, casi artístico, en el que cada detalle cuenta. No es la aparición milagrosa del ser esperado, sino el desafío de esforzarnos para acercarnos lo más que podamos a la persona que nuestra pareja anhela. Intentar llegar a eso que con tanta certeza escribió en una canción Pablo Milanés: «No es perfecta mas se acerca a lo que yo simplemente soñé».

Como vemos, en *El banquete* se contraponen dos miradas bien distintas. Una que sostiene que el amor es carencia y otra que, por el contrario, asegura que es completud. ¿Cómo hacer coincidir estas posturas? Tal vez la llave que puede sacarnos de ese laberinto es, precisamente, la pasión.

Según Octavio Paz:

> La palabra *pasión* significa sufrimiento y, por extensión, designa también al sentimiento amoroso. El amor es sufrimiento, padecimiento, porque es carencia y deseo de posesión de aquello que deseamos y no tenemos; a su vez, es dicha porque es posesión, aunque instantánea y siempre precaria.

¿Por qué la posesión del amor es precaria? Porque es breve. Porque no es más que un instante. Nos guste o no, debemos aprender a vivir en falta y, de alguna manera, en soledad.

En el comienzo fue la infancia

En un párrafo de *La llama doble*, Octavio Paz se pregunta por qué nos enamoramos de una persona y no de otra, y concluye que nadie ha podido esclarecer ese enigma. El Psicoanálisis, al menos, lo ha intentado.

Juan David Nasio, psiquiatra y psicoanalista argentino, dijo: «En los asuntos del corazón, no elegimos sino lo impuesto» y no queremos sino lo inevitable.

En la vida solo existe un amor, y muchas personas a lo largo del tiempo en las que podemos reencontrarlo. Todo nuevo encuentro, en realidad, no es más que un reencuentro. Ese es el fenómeno extraño que se da cuando alguien nos enamora: en esa persona, hasta ahora desconocida, reencontramos un rasgo que venimos amando desde siempre.

De allí que los enamorados, al poco tiempo de estar juntos, tengan la sensación de conocerse de toda la vida. No es verdad, aunque de cierto modo, sí lo es. Es decir, no son ellos quienes se conocen desde siempre, sino esos rasgos que los habitan y despiertan la pasión.

En el amor no existe el libre albedrío, porque todos llevamos desde chicos las marcas que nos conducen a una elección inevitable.

¿Eso quiere decir que estamos condenados a repetir siempre esa elección?

No. En ese mismo libro, con enorme lucidez, Octavio Paz resalta que el amor pone en juego dos condiciones contradictorias. Por un lado, la atracción involuntaria que experimentan los amantes, porque «nace de un magnetismo secreto y todopoderoso»; eso que él no podía responderse, esos rasgos de los que hablamos. Y por otro, «la posibilidad de elegir ceder o no a ese magnetismo». Es decir que en el amor se cruzan la predestinación y la libertad. No podemos evitar sentirnos atraídos por una persona, pero tenemos la potestad de ceder o no a esa atracción.

El Psicoanálisis, entre otras cosas, está para evitar la repetición sufriente, para ayudarnos a eludir los condicionamientos que nos empujan al dolor. ¿De qué manera? Trabajando para cambiar nuestra historia y modificar las huellas que nos impiden construir un buen destino.

Alguien cuestionará cómo es posible cambiar lo que ya sucedió. Después de todo, como dijo Aristóteles: «Lo que ha sido ha sido y ni Dios mismo puede cambiarlo». Pero la historia no es el pasado, sino la apropiación que cada persona hizo de ese pasado. La historia está hecha de recuerdos erróneos, difusos, a veces fabulados e, incluso, de reminiscencias de cosas que jamás ocurrieron y, sin embargo, para ese sujeto tienen peso de verdad.

* * *

Gustavo llegó al consultorio una tarde de lluvia.

Se le veía triste y carente de toda confianza en sí mismo. A pesar de ser un hombre brillante, no disfrutaba de su profesión y desestimaba cada gesto de reconocimiento que recibía. Tenía una esposa y un hijo que, según sus propias palabras, no lo amaban demasiado. Nada en el comportamiento de ellos hacía pensar eso, pero así lo sentía.

Esos sentimientos de rechazo suelen tener su raíz en la infancia. Por eso, empecé a indagar en sus primeros años.

—Mi familia nunca me quiso —dijo terminante.

—¿Por qué dices eso?

—Porque es así.

Hizo silencio.

—Dime lo primero que se te venga a la mente —lo insté.

—Vengo de una familia muy humilde. Mi papá trabajaba en una fábrica y mi madre era empleada doméstica. Somos tres hermanos... tal vez ahí esté el problema.

—¿Por qué?

—Y... ¿Ustedes, los psicólogos no dicen que los hijos de en medio se llevan la peor parte? Bueno, yo soy el hijo de en medio.

—¿Y por qué crees que te llevaste la peor parte?

Sus ojos se humedecen.

—¿Sabes? A pesar de que éramos muy pobres, mi casa tenía tres cuartos. Eran precarios, pero nosotros no nos dábamos cuenta de eso. Un día mi padre armó una cuarta habitación, lejos, separada por el patio, para que cada hijo tuviera su lugar. Eso fue cuando yo tenía más o menos 10 años.

Se detiene.

—Sigue. —Noto su angustia.

—Es que me duele.

—¿Qué te duele, Gustavo?

—Que me mandaran a mí allí. No era lógico. Yo no era el mayor. Pero aun así tuve que irme al otro lado de la casa. Solo, alejado de mi familia. ¿Te das cuenta? Me echaron.

Está angustiado, y es una primera entrevista. Por eso, elijo preguntar sobre otras cosas y aminorar su dolor. Sin embargo, el tema volvería más adelante.

—Anoche tuve un sueño —dijo en una sesión luego de unos meses de tratamiento—. Es un sueño recurrente.

—Cuéntame.

—Me despierto en medio de la noche. Estoy en «la habitación del patio». De la casa llegan risas y se escucha música fuerte, como si hubiera una fiesta. Me levanto y entreabro la puerta y veo que mis padres y mis hermanos están bailando. Me pregunto si puedo ir con ellos, pero algo me detiene. Siento que no, que no estoy invitado, y vuelvo a mi cama y me pongo a llorar hecho un ovillo.

Me resulta obvio que el sueño está ligado a la sensación de rechazo que experimentó cuando sus padres lo mudaron a ese cuarto que él llama «la habitación del patio», y le pregunto si conoce el porqué de aquella decisión. Me responde que no, que jamás les había preguntado.

—¿No te parece que es momento de hacerlo? —Duda.

—¿Qué pasa?

—Es que no quiero lastimarlos. Ya pasó… y además están tan grandes.

—Por eso mismo —lo increpo—. Quizá no tengas mucho tiempo más para hacerlo. Y me parece que no sería bueno que pases toda la vida con la carga de una duda tan pesada. Además, te estás equivocando.

Me mira.

—¿En qué?

—En decir que ya pasó. ¿No ves que ese dolor te recorre todo el tiempo, que reaparece cada noche con ese sueño recurrente?

Le costó tomar la decisión de hablar con sus padres, pero por fin juntó valor y lo hizo. Esa misma noche me pidió adelantar la sesión. Al día siguiente entró en el consultorio en silencio, se acostó en el diván y rompió en llanto. Poco a poco se fue acurrucando hasta hacerse bolita, como en el sueño. Estaba repitiendo en transferencia la angustia que lo acompañaba desde hacía mucho y que se representaba por las noches en sus pesadillas. Dejé que llorara durante unos minutos y luego le dije que se sentara frente a mí. Le señalé que ya no necesitaba tramitar su dolor de esa manera porque ahora podía ponerle palabras, y le pedí que me narrara lo sucedido.

Le llevó un rato poder hablar.

—Nosotros, todos los domingos almorzamos con mis padres. Vienen también mis hermanos y mis sobrinos. La cuestión es que, después de lo que trabajamos acá, estaba dispuesto a hablar con mis padres. Le pedí a mi mujer que fuera a casa con mi hijo y esperé hasta quedarme a solas con ellos.

—¿Y?

—Y les hablé. Les dije de mi sensación de haber sido rechazado, incluso les conté de mi sueño, y les pregunté por qué me echaron de la casa, por qué me dejaron solo en la habitación del patio, qué hice para que no me quisieran como a mis hermanos.

—¿Y qué te respondieron?

Agacha la cabeza y se esfuerza por contener el llanto.

—Se miraron entre ellos… A mi padre se le llenaron los ojos de lágrimas y mi mamá se levantó de golpe, se arrodilló y me abrazó fuerte. ¿Cómo se te ocurre eso? —me cuestionó. —¿Quieres saber por qué te mandamos allí? Para que tus hermanos no te molestaran. Porque queríamos que tuvieras un lugar tranquilo para estudiar, porque tú eras diferente… eras el hijo en que volcamos todas nuestras ilusiones… el que iba a poder, el que iba a llegar.

Sostengo el silencio.

—¿Te das cuenta? —continúa—. Yo no era el hijo de la vergüenza. Era el hijo de la esperanza, del orgullo.

Comprendo que es un momento crucial para Gustavo. Por eso, doy por terminada la sesión. Quiero que se lleve esas palabras porque sé que serán un parteaguas en su vida y que, a partir de este momento, su historia será otra.

De esa manera, el trabajo analítico logra que alguien cambie su historia. Una historia en la que habitan las marcas que condicionan nuestras decisiones futuras. Allí se encuentra el origen de todas nuestras elecciones. Especialmente, de nuestras elecciones de amor.

No nos enamoramos de cualquier persona, sino de quien tenga algo especial, un rasgo que amamos desde la infancia. Porque la capacidad de amar no es un don natural e instintivo.

A amar se aprende.

* * *

Recorramos esta idea. El ser humano nace indefenso y comprende rápidamente que no puede vivir sin alguien que lo asista, por lo cual debe enfrentar el desafío de hacerse amar para que ese Otro lo alimente, lo cuide y lo proteja. Entonces, se pregunta: ¿cómo debo ser para que me amen? Decodificando las palabras y los gestos de su entorno, comienza a construir su personalidad intentando adaptarse a lo que, supone, se espera de él, e incorpora algunos atributos que circulan en su hogar y dan cuenta de cómo se ama. Por ejemplo, si sus padres se tratan bien, es posible que el buen trato sea una característica que tenga que ver con su manera de ver el amor en el futuro. Por el contrario, si su familia se relaciona con agresividad e indiferencia, no debería asombrarnos que, de adulto, requiera estos rasgos para enamorarse.

Hefesto, el dios griego del fuego, el herrero del Olimpo, tuvo una historia difícil. Al nacer, mostró algunas deformidades físicas y una notoria fealdad. Su madre, Hera, ofendida por haber dado a luz a un ser que consideraba grotesco y desagradable, lo arrojó del Olimpo y el pobre hijo cayó durante nueve días y nueve noches hasta llegar al mar. Como consecuencia del golpe, quedó herido de ambos pies y tuvo que andar siempre con la ayuda de un bastón. En las representaciones se le ve sudoroso, desaliñado y con un aspecto desagradable, aunque los relatos lo nombran como un dios noble y querido.

Sin embargo, a pesar de su fealdad, Hefesto se casó con Afrodita, la diosa del deseo, la encarnación misma de la belleza y el erotismo. Al parecer, el propio Zeus se la entregó en pago de un favor. Aunque, en secreto, Afrodita mantenía un romance con Ares, el poderoso dios de la guerra.

El esposo se enteró de este engaño por medio de Helios, el sol, que todo lo ve, y armó un plan para sorprenderlos. Tejió una red de oro, casi invisible, y con ella logró atraparlos cuando estaban en la cama. Luego llamó a todos los dioses para avergonzar a los amantes, pero lejos de eso, los habitantes del Olimpo estallaron en algarabía y manifestaron su envidia por Ares que había logrado acostarse con la más bella del mundo.

Luego de arrancarles la promesa de interrumpir el romance, Hefesto los liberó. Pero, ni bien quedaron libres, ellos huyeron y continuaron con su aventura amorosa.

Como se ve, ni siquiera los dioses son ajenos a los condicionamientos inconscientes. Por eso no sorprende que, habiendo recibido semejante trato de su madre y llevando como rasgo de amor el desprecio, Hefesto haya elegido unirse a una diosa que lo traicionó y llegó a humillarlo delante de todos. Tampoco llama la atención su figura deprimida y solitaria. Es muy difícil transitar la vida cuando de niños no hemos recibido demostraciones de afecto.

Muchos cuestionan por qué el Psicoanálisis se ocupa tanto de los detalles de la infancia. Algunos pacientes, al comienzo del tratamiento, preguntan qué tiene que ver la relación con sus padres con la imposibilidad actual de terminar su carrera, animarse a cambiar de trabajo, o construir una pareja.

La respuesta es, al mismo tiempo, compleja y muy sencilla: todo lo que somos encuentra sus raíces en nuestros primeros años de vida. Porque en esa época se forjaron nuestro carácter, nuestros ideales y las causas de las «inhibiciones, síntomas y angustias» que dificultan nuestra vida presente. Especialmente en las cuestiones del amor.

Dijimos que, para sobrevivir, el bebé necesita alguien que lo cuide, lo abrigue y alimente. Para que eso ocurra es necesario que esa persona lo reconozca, porque en definitiva eso es el amor: un acto de reconocimiento.

Hace siglos, los griegos comprendieron que el peor de los castigos no era la muerte sino el destierro, esa penitencia que obliga al condenado a estar lejos de todo lo que quiere. A diferencia de lo que ocurre en nuestros tiempos, para ellos, la identidad no estaba dada por lo que cada uno era individualmente, sino que dependía de la noción de pertenencia. De allí que acompañaran su nombre con el de su ciudad. Por eso los recordamos como Edipo de Tebas, Heráclito de Éfeso, Herodoto de Halicarnaso, Milón de Crotona o Teágenes de Tasos.

La mitología griega recuerda a Anteo, un gigante, hijo de Poseidón, señor del mar, y de Gea, la tierra.

Anteo habitaba en la región de Libia y, sabiéndose un guerrero invencible, obligaba a todo el que quisiera atravesar sus dominios a luchar contra él. Se dice que, luego de vencerlos, utilizaba los despojos de sus víctimas para construir un templo en honor de su padre, Poseidón.

Al parecer, Anteo tenía un secreto que lo hacía invulnerable. Pero, cierta vez, Heracles, el equivalente griego del Hércules romano, tuvo que atravesar Libia cuando se dirigía en busca de las manzanas de oro y, como todos los viajeros, debió aceptar el desafío del gigante.

Luego de una lucha tremenda, el héroe logró derribarlo tres veces. Sin embargo, cuando lo creía vencido, Anteo se ponía de pie con más fuerzas que antes y reiniciaba la batalla con más bríos. Hasta que, por fin, Heracles comprendió. Anteo era hijo de Gea, por eso, cada vez que caía al suelo, su madre, la tierra, lo abrazaba y reanimaba sus fuerzas. Entonces, Heracles lo levantó sobre sus hombros para impedir que recibiera el aliento de su madre y de esa manera lo ahogó hasta matarlo.

No deja de conmoverme la relación profunda que los griegos establecían con su tierra, sobre todo cuando escucho a muchos que, al hablar de Argentina dicen «en este país», en lugar de «en mi país».

Sea como fuera, lo cierto es que en la antigua Grecia privar a alguien de su patria significaba derrumbar todo su ser. Así, el errabundo vagaba de un lado a otro sin hallar paz hasta que pudiera encontrar alguien dispuesto a purificarlo de su delito. Mientras tanto, debía sufrir la compañía de las Erinias, unas divinidades violentas con cabeza de perro, alas de murciélago y cabellos de serpientes, que llevaban látigos y antorchas para atormentar a sus víctimas. Sospecho que las Erinias son la manera simbólica de dar cuenta de un desgarro tan grande que podía llegar a desencadenar un estado de locura.

¿Por qué el destierro era capaz de producir semejante efecto traumático? Porque privaba al condenado de la posibilidad de ser reconocido por los que amaba, es decir, a perder la mirada de los otros.

A lo mejor se hace difícil imaginar esta situación mítica y lejana, pero preguntémonos qué nos pasa cuando la persona que amamos deja de reconocernos y nos destierra de su vida, y podremos comprender ese sentimiento de soledad y vacío. Todos hemos sido alguna vez caminantes solitarios rodeados de Erinias.

A partir de esto, formularemos una nueva definición:

> El amor es la emoción que nos recorre cuando nos encontramos con alguien que, al mirarnos, nos hace sentir que existimos.

No hay manera más potente de manifestar el amor que el reconocimiento. Párense unos minutos a la salida de un jardín de niños y observen. Verán los ojos de los chicos que van de un lado a otro, hasta que se detienen en una persona. Sí, la han reconocido. Es su mamá. Y esa mirada alcanza para comunicar lo que sienten, como si dijeran: «Te amo… eres única porque, para mí, eres distinta a los demás».

Amar en soledad

Despidiéndonos poco a poco de Octavio Paz, subrayemos una frase que aparece en *La llama doble*: «El amor es una apuesta insensata por la libertad. No la mía, la ajena».

La cita alude a un tipo de amor difícil de imaginar: el amor sin celos, sin posesión, sin anhelo de devorar la individualidad del otro.

En el libro III de la *Ética*, Spinoza lo describió así: «El amor es una alegría unida a la idea de su causa». ¿Qué quiere decir? Que, cuando amamos, el otro nos alegra simplemente por su presencia. No porque esté con nosotros, no porque nos elija, sino porque esa presencia vuelve al mundo más bello.

Qué lejos estamos de la idea platónica de amar lo que falta. Por el contrario, en esta visión no amamos lo ausente, sino lo que existe, aunque esa existencia no nos prefiera a nosotros.

* * *

Page es una joven artesana que realiza obras en arcilla. Leo, un músico que tiene un pequeño estudio de grabación. Viven en la ciudad de Chicago y llevan una vida feliz. Se aman y han construido una relación basada en la pasión, la ternura y el respeto.

Una noche, cuando el semáforo los detiene en una esquina, Page se desabrocha el cinturón de seguridad y se inclina sobre él para besarlo. En ese momento, un camión que no puede frenar los embiste por detrás. Como consecuencia del accidente, ella queda internada en estado de coma. En todo ese tiempo, Leo no se separa de su lado. Hasta que, por fin, un día, ella abre los ojos. Él se le acerca, le pregunta si está bien, y la joven responde:

—Sí, doctor, estoy bien.

Él intenta explicarle que no es su médico sino su marido, pero lo único que consigue es que ella se altere. Los profesionales ingresan de inmediato y la llevan para realizarle todos los estudios necesarios. Por fin diagnostican que, aunque su estado general es bueno, en el accidente se dañó la zona del cerebro que guardaba el recuerdo de los últimos años de su vida, justo el tiempo en que conoció a Leo. Es decir que ella se despertó como si lo hubiera hecho cuatro o cinco años atrás, con un agravante: en ese entonces amaba a otro hombre, Jeremy.

Enterados del accidente, los padres de Page, una pareja adinerada que vive en una mansión en las afueras de la ciudad, aparecen en el hospital. En ese momento, la joven se da cuenta de algo extraño: sus padres y su esposo no se conocen. Confundida, le pregunta a Leo el porqué, pero él elude la respuesta.

La familia pretende llevarla a su casa para que se recupere, pero el marido se opone y la convence de que vuelva al hogar que compartían. Ella acepta, aunque no demasiado convencida, después de todo, Leo no es más que un desconocido.

Ansioso por ayudarla a recordar, él intenta algunas maniobras. La lleva a su taller para que vea las obras que ella realizaba, le muestra fotos de su vida juntos, la reúne con amigos, pero nada de esto surte efecto. Por fin, le propone una aventura. Le cuenta que todos los años, antes de que el lago se congelara, durante la madrugada, cuando nadie podía verlos, ellos se metían en el agua desnudos, al salir se abrazaban en el auto para darse calor y terminaban haciendo el amor. Page acepta el desafío, pero sin la obligación de la desnudez ni el sexo. El resultado de la experiencia no es el que Leo esperaba. Su esposa sigue sin recordarlo.

Luego de unas semanas, aprovechando la excusa de la boda de su hermana, ella le comunica que se mudará a la mansión de sus padres para ayudarla con los preparativos. Él acepta, aunque insiste en visitarla.

Cuando llega el día de la boda, durante la fiesta, sentado en un rincón, Leo la mira y piensa que esa mujer ya no es su esposa… Se viste diferente, cambió el color de su pelo, retomó los estudios de Derecho que cursaba antes de conocerlo y abandonó el arte que tanto la apasionaba. En ese momento Jeremy se le acerca.

—Te ves aburrido —lo aborda—. Podría presentarte a algunas personas para que no estés tan solo. Después de todo, aquí nadie te conoce, en cambio, a mí me conoce todo el mundo.

Leo lo mira.

—Imagino que estarás muy contento —dice—. Resulta que hace mucho tiempo Page dejó de amarte, abandonó la universidad y esta mansión, se fue a vivir a un departamento pequeño en la ciudad, conoció a un mediocre como yo, se enamoró, se casó y fue feliz. Hasta que un día tuvo un accidente y despertó amándote otra vez. Pero te digo algo: ella me contó por qué dejó de amarte, yo lo sé, y seguro va a recordarlo muy pronto. Solo es cuestión de tiempo para que vuelva a hacerlo.

Jeremy sonríe antes de responder.

—Puede ser. Pensaré en eso mientras me acuesto con tu mujer.

Al escucharlo, Leo se pone de pie y lo derriba de un golpe. Se produce un alboroto en la reunión. Page, que vio todo, llega corriendo y le cuestiona por qué lo hizo. Leo, con los ojos rojos, le contesta.

—Porque no aguanto más, porque estoy cansado de esperar que te acuerdes de mí. Y tengo que aceptarlo, eso nunca va a pasar. Además, acabo de comprender que ya no significo nada en tu vida, tú lo amas a él.

—¿Y cómo lo sabes?

—Porque lo miras como antes me mirabas a mí. Se terminó, no voy a molestarte más. Te dejo para que tengas la vida que quieres. —Y, tras una pausa, continúa—: ¡Qué difícil es mirar a la persona que se ama y saber que ha llegado el momento de decirle adiós! Pero antes quiero decirte algo: no te olvides de que eres un ser hermoso… el más hermoso del mundo. No aceptes a nadie que no sea capaz de dar todo para hacerte feliz.

Se da la vuelta para retirarse cuando la voz de Page lo detiene.

—Lo siento mucho. No sabes cómo me gustaría, algún día, llegar a amar a alguien como tú me amas a mí.

Por toda despedida, él le susurra.

—Encontraste la forma una vez. Volverás a encontrarla.

Y sin decir más se va, no solo de la fiesta, sino de su vida. A pesar de su dolor, firma el divorcio, la deja libre y no vuelve a molestarla.

Pasa el tiempo y Leo sufre. Por las noches se queda hasta tarde tocando la guitarra en su estudio, componiendo, pensando en ella que, a pesar de su ausencia, todavía vive en él.

Con el correr de los meses, el duelo hace su trabajo. Leo no la olvida aún, pero intenta conectarse otra vez con la vida. Una tarde, cuando se dirige a su casa junto a una joven, se sorprende al ver que en el escalón de la entrada está sentada Page. La mujer que lo acompaña los mira y enseguida comprende.

—Creo que ustedes tienen que hablar —dice antes de retirarse.

Leo se sienta junto a su exesposa y le pregunta por qué está allí. Page le cuenta que descubrió el motivo por el cual él no conocía a su familia. Se enteró de que ella misma se había negado a presentarlos porque un hecho doloroso la llevó a tomar la decisión de no verlos más.

—Tú lo sabías —lo increpa. Él asiente. —¿Por qué no me lo dijiste?

—Porque no quería que perdieras a tu familia otra vez.

—Pero si lo hubieras hecho, yo no hubiera vuelto a esa casa, me habría quedado contigo.

—Lo sé —contesta con dulzura—. Pero no quería que te quedaras conmigo por eso. Yo deseaba que lo hicieras por amor… y tú ya no me amabas.

Se hace un silencio, luego del cual Page le confiesa.

—Tengo miedo. No sé si en esta situación puedo darme el lujo de perder a mis padres otra vez.

La respuesta de Leo es contundente.

—Entonces no lo hagas. Dales una oportunidad.

Ella asiente y se va.

Lejos de aprovechar la situación para retomar el contacto, él sigue sin llamarla y cada uno continúa con su vida. Tiempo después, mientras ordena un baúl, Page encuentra los «votos de amor» que escribió en el menú de un restaurante para leerlos el día de su boda:

> Prometo ayudarte a amar la vida. Tratarte siempre con ternura y tener la paciencia que el amor requiere. Hablar cuando sea necesario y compartir el silencio cuando no. Vivir en la calidez de tu corazón, y considerarlo siempre mi hogar.

Pasan los inviernos, los años, hasta que, en una noche muy fría, Leo camina hasta un café en busca de un chocolate caliente, pero al llegar a la puerta se encuentra con un cartel que indica: «CERRADO POR NIEVE». Se da la vuelta para irse y allí, parada a unos metros, está Page.

—Espero que no hayas venido hasta la ciudad en busca de chocolate —dice extrañado al verla.

—No vine hasta la ciudad —responde ella—. Desde hace seis meses vivo en Chicago otra vez.

—¿En serio? Qué bien.

—Sí. Además, volví a dejar la carrera de Derecho. Era el sueño de mi padre, no el mío. Estoy asistiendo como oyente a las clases del instituto de arte. Es increíble todo lo que mis manos recuerdan y mi mente no. —Él asiente y, luego de un silencio, ella suelta una sola palabra—: «Gracias».

—¿Por qué? Si yo no hice nada.

—Lo hiciste todo —lo interrumpe—. Me aceptaste por lo que era y no por lo que querías que fuera. Me ayudaste a recuperar a mi familia, aunque te odiaran, y me alentaste a recobrar mi vida, por más que no tuvieras lugar en ella.

Él se encoge de hombros.

—Solo quería que fueras feliz.

Se miran. La nieve sigue cayendo. De pronto ella lo interroga.

—¿No había un lugar cubano al que íbamos cuando este cerraba?

Leo la mira con ansiedad.

—¿Te acordaste?

La respuesta lo desilusiona.

—No, pero estuve saliendo con nuestra amiga, Sonia, y hablamos mucho acerca de nosotros.

—¿Ah, sí? ¿Y qué te dijo?

—Me contó cómo era mi vida cuando estábamos juntos, cómo me tratabas, cómo nos amábamos… y dijo también que cree que, en este momento, no estás saliendo con nadie.

Él sonríe.

—Es cierto. ¿Y tú estás viendo a alguien?

Ella niega y, luego de una pausa, le clava la mirada y propone:

—¿Te gustaría ir al café cubano a tomar algo conmigo?

Leo asiente sin dudar y comienza a caminar hacia la esquina. Sin embargo, a los pocos pasos se detiene.

—No, no es una buena idea. No vayamos al café cubano. Vayamos mejor a un lugar nuevo, a un sitio al que no hayamos ido nunca.

Page acepta, lo toma del brazo y ambos se van caminando bajo la nieve.

Este es el argumento de la película *Votos de amor*, protagonizada por Rachel McAdams y Channing Tatum. Pero ¿qué es lo más interesante? Que, mientras ellos se pierden en la noche, comienzan los títulos y allí nos cuentan que el filme está basado en una historia real. Aparecen las fotos y los nombres de los verdaderos protagonistas, Kim y Krickitt Carpenter. También nos enteramos de que volvieron a casarse, que tienen hijos y que ella jamás recordó que lo había amado antes.

Amar de frente

Aunque esa «apuesta insensata» por la libertad del otro, esa «alegría unida a la idea de su causa» es un postulado noble, resulta demasiado idealista. Sería ingenuo negar que la mayoría de las personas quiere ser correspondida. Después de todo, es la única manera de poder vivir «la otra llama» del amor: la que compromete al deseo. A diferencia de la ternura, esta vertiente sí requiere la reciprocidad. Cuando alguien nos atrae, lo que en realidad buscamos es que esa persona nos reconozca con su deseo. Y es tan fuerte ese deseo de ser reconocido, que queremos que lo diga de todas las maneras posibles. Que lo diga con las manos, con los actos, con las palabras.

Como señala Octavio Paz, no extraña que copular frente a frente, ese encuentro en el cual los dos participantes se miran a los ojos, sea un invento humano que no practica ninguna otra especie. ¿Por qué fue necesario crear ese modo de amar? Porque necesitamos percibir en una mirada que, para el otro, no da lo mismo cualquiera, que somos nosotros y nadie más.

Los animales, en cambio, no lo requieren porque el instinto les garantiza la adecuación del encuentro. No hay allí duda posible. El objeto sexual de un perro es una perra que esté en celo, y ambos tienen un saber instintivo que les indica qué hacer. En el ser humano, en cambio, no existe un saber acerca de la sexualidad y el objeto erótico no está dado por la naturaleza. Las perversiones demuestran que ese objeto puede ser cualquiera. El sádico se excita con el dolor que causa, el masoquista con el que recibe, el voyerista mirando, el exhibicionista mostrando y el fetichista con un par de botas, un pañuelo en el cuello u otro objeto. Pero, para no ejemplificar solo con conductas extremas, digamos que tampoco en las relaciones «habituales» existe un objeto de amor natural.

Aunque algunos se resistan a aceptarlo, hace tiempo que la Organización Mundial de la Salud reconoció una verdad innegable: el objeto de amor de un hombre puede ser otro hombre, y el de la mujer, otra mujer, sin que ello implique grado alguno de enfermedad.

Cuando fui invitado como orador al Senado de la Nación Argentina con motivo del tratamiento de la ley de matrimonio igualitario, recuerdo que un médico que se oponía sostuvo que, si aceptáramos la unión de parejas homosexuales con el argumento de que cada quien tiene derecho a elegir su objeto de amor, deberíamos aceptar la zoofilia, la necrofilia y la pedofilia, puesto que esas personas también hacen uso de su libertad de elección.

Por desgracia, yo había hablado unos minutos antes y no tuve la oportunidad de responderle. Me hubiera gustado señalarle a ese profesional que no solo estaba mezclando conductas sanas con patológicas, sino que, además, su argumento omitía el detalle más importante: ni los animales, ni los muertos, ni los niños, están en condiciones de elegir. Es decir que, en esos casos, no hay una unión generada por un deseo compartido, sino el aprovechamiento de alguien que, desde un lugar de poder, impone su capricho sin consentimiento de la otra parte. El vínculo homosexual, en cambio, es una elección que hacen dos personas que ejercen la libertad de amar como y a quien quieran. Por fortuna, la ley fue promulgada el 15 de julio de 2010.

Como se ve, nos llevó mucho tiempo aceptar lo que ya en *El banquete*, Platón consideró «natural». Recordemos que Aristófanes habló de tres tipos de andróginos: uno compuesto por dos hombres, otro por dos mujeres y el tercero por un hombre y una mujer. Cuando el castigo divino los separó condenándolos a buscar por el mundo la mitad que les faltaba, resulta evidente que algunos hombres buscaron hombres y algunas mujeres, mujeres. Salta a la vista que los griegos consideraban el amor homosexual un vínculo tan genuino como el heterosexual.

A diferencia de lo que ocurre en otras especies, en el ser humano no hay adecuación natural entre un género y el otro, porque lo que importa no es la reproducción sino el placer; no el sexo, sino el erotismo.

La llama doble lo plantea así:

> El fuego original y primordial, la sexualidad, levanta la llama roja del erotismo y esta, a su vez, sostiene y alza otra llama, azul y trémula, la del amor. Erotismo y amor: la llama doble de la vida.

Y subraya que:

> El erotismo no es mera sexualidad animal: es ceremonia, representación. El erotismo es sexualidad transfigurada: metáfora.

El erotismo nace apoyado en la sexualidad y se independiza de ella para dar surgimiento a dos fenómenos claramente humanos: el amor y la pasión. Dicho de otra manera: no hay adecuación sexual entre el hombre y la mujer, porque en el ser humano el objeto erótico no es instintivo, sino pulsional.

Durante mucho tiempo se pensó que sí, y esa creencia causó mucho daño.

* * *

Ariel tenía 35 años la primera vez que vino a verme. Lo noté apesadumbrado, como si llevara una carga pesada.

—Cuéntame por qué estás aquí.

Suspira antes de responder.

—Te cuento. Soy un profesional muy reconocido en mi área. Egresé de la universidad más prestigiosa de Argentina con medalla de honor y estuve viviendo unos años en Estados Unidos, donde conseguí un trabajo por concurso entre más de mil aspirantes al puesto. No voy a fingir una humildad que no tengo. Soy un hombre muy inteligente que logró casi todo lo que se propuso en la vida.

—Bien —intervengo—. Pero no creo que hayas venido al consultorio para contarme tus logros. ¿O sí?

Menea la cabeza.

—No, claro. No vine a hablar de lo que conseguí, sino de un proyecto que intento realizar desde hace años en vano. Y quiero que me ayudes a conseguirlo.

—Cuéntame de qué se trata.

Me mira.

—Quiero ser heterosexual.

Hago una pausa.

—¿Podrías decirme algo más sobre eso?

—Puedo decirte que intenté estar con mujeres muchas veces, pero nunca logré excitarme. No sé qué me pasa… las veo lindas, las respeto, me divierto con ellas, pero…

—Pero no te calientan. —Asiente—. ¿Y los hombres? ¿Qué te pasa con los hombres?

Baja la mirada.

—Me gustan. Es más, pienso que por eso renuncié a mi trabajo en Nueva York.

—¿Cómo es eso? —lo invito a continuar.

—Lo que hice fue una locura. Era el puesto soñado. Prestigio, dinero, placer…

—¿Y qué pasó?

—Conocí a alguien.

—Un hombre.

—Sí, Richard. Me sentí atraído desde el principio. No era la primera vez que me pasaba, pero antes yo era un adolescente y… no sé… pensé que eran cosas de la edad. Te darás cuenta de que soy un ratón de biblioteca. Así que, en aquella época, me puse a investigar y supe que era bastante común que en una etapa de tanta confusión aparecieran obsesiones extrañas, pensamientos raros.

—¿«Raros»? ¿Putos, quieres decir? —Se ríe. Dada su cultura, doy por sentado que sabe que la palabra *puto* viene del latín, y significa, justamente, «raro»—. ¿Siempre fantaseaste con hombres?

—Sí, pero nunca concreté con nadie. Sin embargo, con Richard estuve muy cerca.

—Y por eso decidiste volver a Argentina.

—Creo que sí.

—Tuviste miedo. —Vuelve a asentir—. ¿A qué?

—A hacerme gay.

Lo miro.

—Ariel, tú eres gay. El hecho de que todavía no hayas concretado con nadie no implica que tu identidad sexual no esté definida. En todo caso, eres un gay virgen.

Hace un gesto de disgusto.

—Entonces no vas a ayudarme.

—¿Con qué? ¿Con tu proyecto heterosexual?

—Sí

—No, no voy a ayudarte a ser quien no eres. Pero, si tú estás dispuesto a enfrentar tus miedos, puedo ayudarte a que intentes ser feliz siendo quien sí eres.

Ariel y yo compartimos muchos años de tratamiento. Al despedirnos, él estaba en pareja con un hombre, era feliz y, más allá de algunas sensaciones de culpa que cada tanto lo invadían pensando que había defraudado el ideal de sus padres, comprendió que esta era su vida y tenía derecho a vivirla con honestidad. El destino que su familia anhelaba se derrumbó en el análisis, y lo golpeó con dureza. Pero él se mantuvo de pie sosteniendo su deseo.

Luego de años de experiencia, conozco el dolor que causan los prejuicios acerca de la sexualidad, del amor, de lo que está bien o está mal. He intentado enfrentarlos siempre, apostando a la verdad que recorre a quienes se acuestan en mi diván. No todos han sido éxitos. Sin embargo, casos como el de Ariel sostienen mi pasión por la práctica clínica y por el análisis. Ese mágico recorrido hecho de palabras… y silencios. Porque el silencio, cuando es elegido y no padecido, es otra de las formas de la palabra.

ENTONCES

La insatisfacción

Como hemos visto en el relato hebreo de la creación, la insatisfacción aparece desde el inicio. Dios mismo, al mirar su obra, tuvo la sensación de que al mundo le faltaba algo. Puso en juego su pasión creadora y encontró la decepción. La suya, la de Adán y la de Lilit. Eran los únicos seres humanos que habitaban el planeta, hechos el uno para el otro por El Creador, y aun así no pudieron satisfacerse.

El ser humano es un sujeto del deseo, y el deseo es siempre deseo de otra cosa, que es lo mismo que decir que el destino de todo deseo es la insatisfacción. Por eso, quien va detrás de una ilusión suele llevarse por delante un desengaño. Siempre habrá algo que nos falte y nadie lo puede todo, ni siquiera Dios.

Sin embargo, lejos de ser una mala noticia, es precisamente esa falta la que nos sigue manteniendo vivos y apasionados.

Una sexualidad complicada

Dijimos que, en el ser humano, no existe un objeto erótico ni un fin determinado por la especie. Desde lo natural, la única adecuación posible sería la unión de un hombre y una mujer con fines reproductivos. Según este punto de vista, los besos, las caricias, el gusto por contemplar el cuerpo desnudo del amante, y todo lo que conocemos como «juego erótico previo», no solo serían innecesarios, sino perversos. Sin embargo, aunque muchas religiones han intentado, e intentan todavía mantener esta idea, es claro que no es así como funciona la sexualidad humana. Muy pocas veces en la vida una persona tiene sexo para procrear, porque la pasión no se propone la preservación de la especie, en cambio, nos arrastra por caminos complejos en busca del placer.

Desde la óptica de la concepción biológica que supone una sexualidad natural, la sexualidad humana es perversa por definición, porque casi ninguna de sus prácticas persigue un fin natural. Por suerte, muchas de ellas están dentro del campo de la sanidad, a diferencia de la actitud de Adán, quien intentó copular con las hembras de todas las especies animales antes de la llegada de la mujer.

Machismo y misoginia

Es muy fuerte asomarse a las estructuras de pensamiento que apuntalaron el lugar relegado de la mujer en la historia. En este momento de lucha tan particular que atravesamos, considero importante realizar algunos señalamientos.

Para acceder a su pedido, Dios le cede a Adán una compañera que lo satisfaga sexualmente. Es decir que a un hombre que hizo a partir del polvo sagrado le entregó una mujer (Lilit), nacida de la inmundicia.

Luego aparece la primera Eva, que Adán rechaza por asco. Recién entonces llega la otra Eva, la de la historia oficial, aceptada solo por haber admitido la postura sumisa que Adán le exigía a la hora del sexo.

Así como el hombre, por haber sido creado por Dios a su imagen y semejanza, queda en deuda con Él y está obligado a pagarle con la sumisión eterna, la mujer, creada de una parte del cuerpo de ese hombre (el rabo o la costilla), simbólicamente, también quedaría en deuda con él. Deuda que muchos hombres intentan cobrar imponiéndoles la sumisión.

Por otra parte, aparece la mujer como la culpable de la pérdida del Paraíso y, además, por castigo divino queda condenada a ser dominada por su compañero.

Sin mucho esfuerzo, se entiende el enojo que las «actuales Lilit» sienten por las ideologías patriarcales que aún hoy pretenden mantenerlas en un lugar postergado. Hablo de esas Lilit que luchan cada día en las manifestaciones populares en busca de la reivindicación de los derechos que, hasta ahora, les han sido negados. Esas que levantan el grito sagrado de la primera feminista de la historia: «Yo también fui hecha con polvo y, por lo tanto, soy tu igual».

Las he visto en las calles, en las plazas, resistiendo la lluvia, los insultos y el maltrato de quienes todavía se aferran a mandatos arcaicos para sostener la desigualdad y la injusticia.

En la mitología clásica, en cambio, los papeles parecen ser más equitativos. Incluso en muchos mitos, como veremos más adelante, las diosas se rebelan e imponen sus deseos.

Un último detalle.

El amor cortés, esa forma de amor que nació en el siglo XII y del que hablaremos en breve, introduce la primera inversión de papeles, ya que si bien no otorga a la mujer derechos civiles o políticos, la coloca en un lugar idealizado en donde «la dama» es motivo de adoración y el caballero se convierte en su vasallo.

Es decir que, de algún modo, este amor da cuenta de un acto subversivo, en tanto que coloca a la mujer en un lugar de privilegio.

Pasión y desmesura

Los griegos tenían claro que la desmesura, la *hibris*, en cualquier ámbito, era la causa de la mayoría de las desgracias. Y el amor no es la excepción. Recuerdo la frase de sor Juana: «El amor es como la sal. Dañan su falta y su sobra».

La pasión es un concepto límite que lleva a que las emociones y conductas rocen el borde de la desmesura, ya sea en las fantasías, el erotismo, los celos o la posesión. Y es en ese juego extremo donde aparece el peligro de cruzar hacia la vereda de la patología. De un lado Adán, violento y descontrolado intentando forzar a Lilit. Del otro, la pasión de esta primera mujer por defender su integridad y su deseo.

La pasión también se juega en los celos de Eva que, al pensar que Dios le daría a Adán otra mujer, la llevaron a convencerlo de morder el fruto prohibido. También hay pasión en él, al aceptar la muerte con tal de no perderla.

La muerte y los celos son dos condimentos que casi nunca faltan en una buena historia de amor. Ya se trate de Romeo y Julieta, Tristán e Isolda, Paris y Helena o los protagonistas de una novela. Pero no siempre lo que sirve al arte, sirve a la vida.

Hemos crecido con tantos relatos en donde la pasión entra de lleno a la enfermedad, que muchos creen que los detalles que vuelven atractivos esos relatos deben, necesariamente, formar parte del amor. Así, los celos, la posesión, la venganza, las «Erinias» de la culpa o el sacrificio aparecen en muchos vínculos cotidianos y de esta manera los pervierten.

Todo tiene un precio

No hay decisión sin consecuencias. Mucho más cuando esas decisiones son tomadas en momentos apasionados, porque la pasión desenfrenada ensombrece a la razón. Las personas sanas se hacen cargo de las consecuencias de sus actos. Las enfermas, en cambio, tienden a proyectar esa responsabilidad y le echan la culpa a Dios, al destino o a los demás.

Adán y Eva se hicieron cargo. Y, aunque el precio que pagaron fue muy grande —perder el Paraíso, parir con dolor, conseguir el pan con el sudor diario e, incluso, la muerte—, el epitafio que él escribiera en la tumba de su compañera —«el paraíso estaba donde ella estaba»— hace pensar que tal sacrificio valió la pena.

El Árbol de la Ciencia los premió por haberse entregado a la pasión del conocimiento al precio de enfrentar el enojo de Dios. Por eso, creo que se han ganado el lugar simbólico que ocupan en la historia. Según Alejandro Dolina, solo hay dos cosas importantes en la vida: el amor y el conocimiento. Y ellos jugaron apasionadamente su destino por ambas.

Más fuerte que Dios

Señalamos que el ardor que genera la visión de los cuerpos desnudos siempre preocupó a los espíritus religiosos, y dijimos que eso tenía un porqué.

No en todos los tiempos se amó de la misma forma. La idea que tenemos acerca de cómo se vive el amor tiene su origen en el siglo XII, y es lo que se conoce como «el amor cortés». Es ese amor idílico que hemos visto en tantas películas o series. El caballero que se arriesga por su dama. Una dama que justifica cualquier sacrificio y a quien él quiere más que a Dios. Como señala Octavio Paz, una verdadera herejía. De ahí el horror que la pasión amorosa despertó en las religiones.

Con el fin de la Edad Media, la mirada deja de estar puesta en el más allá para buscar la felicidad aquí. Con este cambio, las pasiones encuentran su lugar de privilegio. Después de todo, si esta es nuestra única vida, ¿por qué no correr riesgos y jugarse el todo por el todo para alcanzar una dicha que la justifique? Quizá porque no siempre la pasión implica la satisfacción placentera de un deseo. En ocasiones, la pasión despliega un desborde patológico que, lejos de avanzar hacia el placer, nos conduce al sufrimiento.

Más allá de la muerte

Hay una falsa etimología de la palabra *amor* que sugiere que proviene de *a* —sin— y *mortem* —muerte—. De donde la palabra *amor* significaría «sin muerte». Esta etimología es errónea, porque mezcla raíces de dos lenguas diferentes, ya que el prefijo *a* es de origen griego y *mortem*, en cambio, latino.

Sin embargo, la idea de que el amor es capaz de vencer a la muerte tiene algo de estimulante. Es Filemón suplicando a Zeus no ver la pira de Baucis ni que ella lo sepulte, y el guiño final del dios que les permitió, siendo ya roble y tilo, acariciarse por toda la eternidad.

Guiado por esta rima poética, diré que el amor sano genera una pasión que nos permite sentir, al menos por un instante, que somos inmortales.

Oscuridad y vacío

Nuestra situación no es fácil. Habitamos en un mundo injusto al cual no le importamos nada y, al mismo tiempo, somos un universo desconocido para nosotros mismos. Lejos del ideal racionalista del Hombre capaz de manejar a voluntad sus decisiones y sentimientos, debemos afrontar el desafío de vivir siendo «sujetos sujetados» al Inconsciente, cuyas pasiones provienen de un lugar sombrío y desconocido. Y tenemos que animarnos a andar hacia esa oscuridad si es que queremos averiguar qué deseamos. Es el camino que propone el análisis: mirarnos cara a cara para saber quiénes somos.

Algunos piensan que al psicólogo van los débiles. Se equivocan.

Analizarse es una aventura que solamente pueden emprender los valientes, los que tienen el coraje de admitir que solos no pueden y deciden que ha llegado la hora de enfrentar los miedos.

La eternidad en un instante

Una fría noche de invierno, una ilusión anhelada mucho tiempo y dos ancianos delante de una fuente. Esa es la epopeya de Elsa y Fred. Dos personas que, en el horizonte de sus vidas, se animan a vivir un sueño. El sueño grande del amor sin futuro, del presente que apasiona hasta llevarlos a pagar un alto precio.

—Pero… nos vamos a enfermar —comenta él aferrado a la razón.

—¿Y qué? —pregunta ella apasionada—. ¿Acaso te importaría mucho morirte aquí, ahora, a mi lado?

La pasión en su cara más develada. La que no mide costos y abre la puerta de la eternidad.

El exceso de los dioses

La belleza de los mitos antiguos radica no solo en la poesía con que fueron narrados, sino en la humanidad de sus deidades. Celan, odian, aman, mienten y, como nosotros, no pueden con todo.

Es la pasión frustrante de Hera que arroja a su propio hijo desde las alturas del Olimpo. La necesidad de reconocimiento de Hefesto que lo lleva a exponer la traición de su mujer buscando un consuelo que no llega. Es el ardor de Afrodita y Ares que rompe el juramento en busca de la satisfacción erótica.

Los dioses griegos se nos parecen. Quizá por eso nos resulten tan atractivos.

La doble llama

No solo somos sujetos sujetados al Inconsciente. Somos, además, seres recorridos por una sexualidad que no tiene que ver con la biología, sino con la palabra.

Los primeros filósofos marcaron la división entre el cuerpo y el alma. Una división que todavía muchos sostienen. Ellos ubicaron el cuerpo como el lugar donde se originan las pasiones, y el alma (*psique*) como la responsable de controlarlas.

En efecto, la sexualidad nace en aquellas partes del cuerpo que llamamos *zonas erógenas*, esas que estimulan los padres cuando bañan o acarician al bebé sin saber que, de esa manera, lo están erotizando. Tarea indispensable para que algún día ese hijo pueda decir: «Yo».

Sin embargo, esa etapa fundamental del desarrollo marca una fatalidad: la sexualidad nace estimulada por aquellas personas con las que no va a poder satisfacerse. Es decir, que son papá y mamá quienes despiertan nuestras sensaciones, los mismos con quienes la sexualidad está prohibida. De ahí en adelante, el sexo será siempre un enigma y, muchas veces, un conflicto.

El cuerpo es, entonces, el lugar del que parte nuestra sexualidad, pero sería un error creer que queda allí. Por el contrario, el estímulo físico impacta en la psiquis e impone un esfuerzo permanente por satisfacer sus demandas o refrenar sus urgencias.

Parafraseando a Freud, diré que la pasión es un concepto límite entre lo psíquico y lo somático. Con esa característica particular de todo límite: une a la vez que separa.

La vida y el dolor

«Quien ama, sufre. Quien no ama, enferma».

El amor y el dolor son conceptos inseparables. Es imposible pensar un amor que no duela, y no existe dolor que no tenga como origen un amor. El dolor psíquico aparece cuando nos vemos obligados a separarnos de algo que amamos. Una separación tan dolorosa que, por momentos, tenemos la sensación de que no podremos soportarla. Como dijo el doctor Juan David Nasio: «No existe dolor sin un trasfondo de amor».

Sin embargo, no es lo mismo el dolor que la enfermedad. Muchas veces, el dolor da cuenta del esfuerzo que hacemos por mantenernos sanos.

Solemos escuchar que alguien dice que va a morir de dolor. No es cierto. De dolor no se muere; con dolor se vive.

La dignidad y el amor

A amar se aprende, y es posible que alguien lo haya hecho de la mano del sufrimiento o la violencia. No resultará extraño, entonces, que de adulto esa persona construya vínculos basados en aquel modelo sufriente. Si quiere salir de ese círculo enfermo, deberá pagar el precio de estar solo hasta que aprenda a amar de un modo distinto. Es difícil, pero vale la pena. Después de todo, la soledad, cuando es necesaria, es el mejor de los caminos posibles.

No todos los amores merecen ser vividos. Solo aquellos que nos permiten amar de pie. El precio del amor jamás puede ser la pérdida de la dignidad, porque la dignidad es otro de los nombres del amor propio. Solo puede amar sanamente quien tiene algo noble para dar y, para eso, es imprescindible comenzar por respetarse a sí mismo.

Los amores que humillan nos cosifican, nos transforman en objetos, y un objeto no es capaz de dar amor. Si alguien está en una relación enferma, lo mejor será que la abandone, aunque duela. Será el dolor que implique el trabajo de duelo, que puede durar meses, pero pasará. En cambio, estar en un vínculo sufriente, puede durar toda la vida.

En el amor cortés, por ejemplo, el caballero ofrecía sus servicios a una dama que no podía tener porque, en general, estaba casada. Aun así, para gloria de su nombre, el caballero se iba en busca de hazañas que pusieran a prueba su valor. La dama tenía el derecho de pedirle lo que quisiera, y algunas fueron especialmente crueles.

Según cuenta Paul Tabori en su libro *Historia de la estupidez humana*, cierto día, el caballero de Genlis, un noble francés al servicio del rey Enrique III, paseaba con su amada sobre uno de los puentes del Sena cuando ella dejó caer al río su pañuelo y le ordenó que lo recobrara. El hombre le confesó que no sabía nadar, pero la dama lo trató de cobarde y juró que rechazaría sus servicios si no lo hacía. Ante la posibilidad de perderla, el caballero se zambulló sin dudarlo. Unos navegantes lo rescataron poco después, cuando estaba a punto de morir.

Muy distinta es la actitud que se narra en la conocida balada *El guante* de Friedrich von Schiller. En este caso, el caballero acompañaba a su dama por el zoológico del castillo cuando, al pasar delante de los leones, la mujer arrojó su guante dentro de la jaula y le exigió que entrara a rescatarlo para probar su valor.

Sin dudar, el hombre lo hizo. Con este acto, él había probado que era digno de amor, pero ella no. Por eso, al salir, le arrojó el guante en la cara y se fue sin mirar atrás.

En la película *Votos de amor*, su protagonista encarna ese ideal que postularon Octavio Paz —«El amor es una apuesta insensata por la libertad. No la mía, la ajena»— y Baruch Spinoza —«El amor es una alegría unida a la idea de su causa».

Leo amó a Page por quien era. Sin embargo, no entregó su dignidad a cambio de ese amor. Luchó mientras sintió que tenía una oportunidad y luego se fue. Sin humillarse, sin dar lástima. Y quizá por eso pudo recuperarla. ¿Quién puede amar a una persona que se arrastra? Él, en cambio, se mantuvo de pie y atravesó el infierno. Porque cuando se pierde al amado también aparece un dolor pasional. Pocas cosas se parecen tanto a la muerte como el desamor.

Cuando estamos frente a alguien que nos dejó de amar, tenemos la sensación de que esa persona, como Page, ha perdido la memoria. Se ha olvidado de todo: de la ternura, de los proyectos y, sobre todo, de la pasión que nos unía.

Sin embargo, por difícil que resulte, el desafío es resistir la tentación de quedar melancolizado, ponerse de pie, levantar la vista y dejar que el otro se vaya. De lo contrario, no habremos perdido un amor sino dos: el de la persona que amamos, y el nuestro, el amor propio.

Pero ya es demasiado tarde.

Mañana será otra noche.

Entre bahías y fiordos, glaciares y volcanes, no lejos del círculo polar ártico, se encuentra una tierra de hielo. El frío la azota y el océano lastima sus acantilados. El sol de medianoche, la extensa vegetación, los rayos de la aurora boreal y la luz eterna del verano breve completan un escenario tan bello como hostil.

La historiadora inglesa Hélène Adeline Guerber sostuvo que no resultaba extraño que, al mirar el mundo que los rodeaba, sus habitantes, los islandeses, pensaran que «el universo había sido creado a partir de una extraña mezcla de fuego y hielo».

Quizá por eso la mitología nórdica es trágica y está recorrida por una obsesión: la eterna lucha entre el bien y el mal, entre fuerzas beneficiosas y dañinas.

Por ahora nos guía una hipótesis: la pasión desata una fuerza que, en su desmesura, es capaz de llevarnos al límite del placer y del dolor. Hemos dicho también que tiene un precio.

Odín era el más importante de los dioses nórdicos. Representación del aire, se encargaba además de proteger a héroes y príncipes. Vivía en Asgard, una suerte de Olimpo, y tenía un trono conocido como Hlidskjalf, ubicado en un lugar tan elevado que le permitía de un vistazo observar qué hacían no solo los hombres, sino también los enanos, los gigantes, los elfos e, incluso, los otros dioses. Era, además, el dios de la sabiduría. Mérito que le costó muy caro.

Según los mitos, la inteligencia y la sabiduría se guardaban en una fuente que se hallaba en el centro mismo del mundo. El lugar era severamente custodiado por el gigante Mimir, del cual el manantial había tomado su nombre.

Se cuenta que un día Odín llegó hasta la fuente y le pidió al gigante que lo dejara beber del agua del conocimiento. Mimir le respondió que si quería probar un sorbo debía sacrificar un ojo. El dios, que anhelaba la sabiduría, no lo dudó un segundo. Se sacó un ojo y lo entregó al guardián. Recién entonces pudo beber y, al instante, obtuvo el saber y la comprensión acerca de todo.

Como Adán y Eva por morder el fruto de la Ciencia, también el príncipe del Asgard pagó un alto precio para obtener el saber. Ellos perdieron el Paraíso, a él, en cambio, la pasión por el conocimiento le costó un ojo de la cara.

Por fortuna contó con la ayuda de Hugin y Munin, dos cuervos que recorrían el universo y eran sus ojos y sus oídos.

Pero no era la sabiduría la única de las pasiones de Odín. El dios, además, quería ser poeta.

En el mundo mítico de los nórdicos, los enanos eran los encargados de fabricar un hidromiel tan especial que confería la inspiración poética. Obviamente, no se trataba de un hidromiel cualquiera. El brebaje contenía un ingrediente secreto: lágrimas de Odhr, Señor de la inspiración. Aquel brebaje era tan codiciado que los gigantes lo robaron y lo dejaron custodiado por una giganta llamada Gunnlod. Pero eso no iba a detener a Odín.

Decidido a adquirir el arte de la poesía, se metamorfoseó en un gigante hermoso, sedujo a Gunnlod y, luego de dos días de desenfreno erótico, logró que ella le ofreciera un sorbo. Desde entonces, el dios solo habla en verso.

Resulta bella esta idea de que la poesía sea una mezcla de miel y lágrimas, es decir, de placer y sufrimiento. Hielo y fuego. Sangre y miel… Como la pasión.

II

NOCTURNO A LO PERDIDO

(O SEGUNDA NOCHE DESVELADA)

Después…
La luna en sangre y tu emoción,
y el anticipo del final en un oscuro nubarrón.

HOMERO MANZI

La *petite mort*

La película *Votos de amor* instaló un tema arduo: el desamor. Situación que genera un dolor intenso que puede afrontarse de maneras diferentes, unas más sanas que otras.

Algunos lo atraviesan a solas, llorando y despertándose por las madrugadas sin comprender qué está ocurriendo. ¿Por qué no? Es válido. Después de todo, es sano darle espacio al dolor, y cada quien lo hace a su manera. Sin embargo, conviene resistir la tentación de compartir el infierno que estamos pasando con la persona que nos abandonó. Es un error buscar consuelo allí; nadie puede ser al mismo tiempo el problema y la solución. Por eso, cuando alguien no nos ama más, hay que dejarlo ir. En primer lugar, porque esa persona merece ser feliz. Pero, sobre todo, porque tenemos derecho a estar con quien también nos elija, quien arriesgue su deseo por nosotros, y no permanezca a nuestro lado por culpa o lástima. Para elegir este camino, primero hay que aceptar el desamor. Luego, evitar obsesionarse con la idea del retorno. Esa es una pasión condenada al fracaso.

En tal sentido, Alejandro Dolina nos regala un pensamiento:

No hay sueño más grande en la vida que el Sueño del Regreso. El mejor camino es el camino de vuelta, que es también el camino imposible.

Los Hombres Sensibles de Flores, en sus nocturnas recorridas por las calles del barrio, planeaban volver. Volver a cualquier parte.

A la adolescencia, para reencontrarse con los amores viejos.

A la infancia, para recobrar las bolitas perdidas. A la primera novia, para jurarle que no ha sido olvidada. A la escuela, para sentir ese olor a sudor y tiza que no se encuentra en ninguna otra parte. Volver fue para ellos la aventura prohibida.

Cada noche soñaban con patios queridos y cariños ausentes. Y cada mañana despertaban llorando desengañados y revolvían la cama para ver si algún pedazo de sueño se había quedado enganchado entre las cobijas.

Como la infancia, la adolescencia, o las canicas perdidas, nadie vuelve tampoco de un desamor. Porque, en caso de producirse el retorno, sería un error creer que quien regresa es el mismo. La ruptura, la soledad, la crueldad de la distancia sufrida dejan su marca y nos hacen diferentes. Por eso, quien reintenta con una persona del pasado, no debe desesperarse por reencontrar lo que no está, y restituirse en un sitio que ya ha desaparecido.

Es cierto, no debe desesperarse. Pero muchos lo hacen. ¿Por qué? ¿Qué pasión los arrastra? ¿Qué los lleva a ceder al llamado intempestivo que busca un regreso infructuoso? El goce. La pasión por sufrir. La pulsión de muerte. El miedo a la soledad.

Pero el sueño del regreso es un intento vano. Como dijo el poeta Pablo Neruda: «Nosotros, los de entonces, ya no somos los mismos». Hay que entenderlo. Leo lo hizo. Por eso se negó a ir al café cubano de siempre.

—Vayamos mejor a un lugar nuevo —dijo—, a un sitio al que no hayamos ido nunca.

Y estaba en lo cierto, porque el desafío, después del duelo, es siempre construir un nuevo amor. Que sea o no con la misma persona es un detalle sin importancia.

Laberintos del duelo

¿Qué pasiones despierta el desamor?

Hemos adelantado que se trata de una situación que genera un afecto que se parece mucho al que despierta la muerte. Por eso, no es raro que utilicemos la palabra *duelo* al hablar tanto del proceso que debe recorrer quien afronta la muerte de alguien importante, como quien ha perdido un amor.

Imaginemos la situación:

La persona que amamos nos dice que no desea estar más con nosotros. Al observarla, percibimos que sus ojos no son los mismos, su mirada está vacía. Entonces comprendemos que ya no nos quiere y todo cambia: la casa, la cama; la vida misma se transforma en un espacio tan vacío como aquella mirada. Algunos lo niegan e intentan sostener a cualquier precio ese lugar ausente de pasión, incluso a costa de mucho sufrimiento. «No los une el amor sino el espanto». Un espanto apasionado. Otros, en cambio, aceptan que ha llegado el momento del adiós. Y así como antes la presencia del amado era promesa de felicidad, su falta dejará un hueco que con el tiempo se llenará de impresiones nuevas y dolorosas.

La primera es la sensación de extrañeza.

Recuerdo haber escuchado hace años esta anécdota.

Una mañana, muy temprano, un periodista llamó por teléfono al escritor argentino Adolfo Bioy Casares. Sabiendo de la profunda relación que lo había unido con Jorge Luis Borges, el hombre le pidió una reflexión acerca de la muerte de su amigo. Pero Bioy aún no se había enterado de esa muerte.

—¿Borges murió? —preguntó con asombro.

—Sí —contestó el periodista.

Se produjo un silencio prolongado. Pasados unos segundos, Bioy se despidió con la voz quebrada.

—Le pido disculpas, pero no puedo continuar. Debo salir a la calle de inmediato. No logro imaginarme cómo es Buenos Aires sin Borges.

Esa es la sensación de extrañeza que sigue a la pérdida de un ser querido. La misma que aparece cuando nos deja un amor. El mundo ha cambiado y guarda poca relación con el que conocíamos hasta entonces. Salimos del cuarto, recorremos la casa y nada es como era hace unas horas atrás. Las calles que caminábamos con placer hoy son el continente de una pena que no cesa, y deambulamos por ellas con un desconcierto doloroso.

Otra de las sensaciones que aparece es la incredulidad. «No puede ser», repite el enlutado —término utilizado por Martín Smud y Eduardo Bernasconi en su libro *Sobre duelos, enlutados y duelistas*—. «No puede ser que ya no me ame… no es posible que haya muerto… debe haber un error». Y esa incredulidad lo lleva a desconfiar del mundo que lo rodea.

Es una etapa sufriente donde la estabilidad psíquica trastabilla. Aumenta el riesgo de accidentes e, incluso, aparecen algunos trastornos perceptivos.

Existen dos grandes trastornos de la percepción: alucinaciones e ilusiones. Una alucinación es una percepción sin objeto, es decir que se capta alguna cosa allí donde no hay nada. La ilusión, en cambio, refleja una percepción deformada. En este caso hay algo, pero se le registra de modo diferente.

Es posible que estos trastornos, tan comunes en las afecciones graves, ocurran también durante la etapa de duelo. Bajo el efecto de estos fenómenos, no es raro que la persona escuche que se abre la puerta a la hora que solía llegar su pareja, sienta mientras duerme que el otro está a su lado, o crea verlo en alguien que se acerca por la calle.

Esto no implica que el enlutado haya enloquecido, sino que está librando una batalla entre la realidad externa y el deseo y, para defenderse del sufrimiento que causa la pérdida, intenta amortiguarlo acomodando esa realidad externa, donde el otro ya no está ni va a volver, a la realidad psíquica que se niega a aceptar la ausencia y alucina, por ejemplo, el ruido de la puerta que se abre. Estos episodios forman parte del proceso normal de un duelo.

El enlutado se parece a aquel paciente del cuento de Dolina que le rogaba a su analista: «Lo único que me queda de ella es el dolor, no me lo quite».

¿Por qué el proceso de duelo es tan doloroso?

Todo lo que amamos tiene una doble existencia. La primera, fuera de nosotros. Es esa persona real con quien desarrollamos un vínculo. La otra, es la que habita en nuestra psiquis, donde atesoramos su imagen. Al construir una relación, volcamos nuestro afecto —libidinizamos— tanto a la persona como a su representación interna. Cuando alguien se va, desaparece de nuestro entorno, pero esa representación sigue intacta. Con un agravante: al no tener un referente exterior, el amor que antes se dirigía a la persona del amado ahora se internaliza y se vuelca a su imagen intrapsíquica. Entonces, se produce una sobrecarga de afecto sobre ella que hace que quien falta esté más presente que nunca, y nos preguntamos: ¿Por qué si cuando estábamos juntos podía pasar días sin verla, ahora que no está, no dejo de pensarla ni un segundo? Precisamente, porque a su representación, la que aún nos habita, se ha derivado toda la carga emocional que antes se volcaba en quien se fue.

Es el infierno discepoliano en «Tormento» y «Canción desesperada»: el «dolor que muerde las carnes», la «herida que hace gritar», el «tormento de no olvidarla» y «de saber que no vendrá»… Es «la burla atroz de dar todo por nada y al fin de un adiós despertar llorando».

Ese es el dolor apasionado que recorre con desmesura cada segundo del enlutado. Un sentimiento que puede, incluso, llevar a la locura.

* * *

En la mitología griega se cuenta que Laodamía, hija de Acasto, se enamoró de modo violento de Protesilao, quien correspondió a ese amor. Poco después de su boda, el esposo tuvo que partir a Troya para librar la famosa guerra que duró diez años, y fue el primero de los griegos que murió en combate. Al enterarse, Laodamía entró en un estado de desesperación. El tiempo pasaba y no podía olvidarlo. Por esa razón, con sus propias manos, construyó una estatua de cera que era el reflejo exacto de su esposo muerto, y jamás se separaba de ella.

La siento aferrada a la ilusión de recuperar lo imposible. Veo sus manos recorriendo cada centímetro de esa estatua, reviviendo sensaciones perdidas y negando una verdad que no puede soportar.

En un momento, su padre, Acasto, la observa aterrado y se acerca decidido. Forcejea con ella hasta arrebatarle el muñeco y lo arroja de inmediato al fuego. Su hija lo mira con furia; una certeza la recorre: nada va a separarla de su amado. Entonces, mientras la imagen se derrite, Laodamía logra soltarse de los brazos de su padre y salta a la hoguera. Acasto intenta retenerla, pero ya no puede hacer nada. Solo contemplar con angustia cómo su hija muere abrasada por las llamas.

En este caso, también Laodamía se aferra al espanto apasionado, al absurdo de una estatua de cera puesta en el lugar de lo perdido para intentar mitigar el sufrimiento. Como ella, muchos hombres y mujeres se empecinan en sostener relaciones que ya están quebradas, y pagan el precio de poner sus vidas en las manos del dolor.

Este mito muestra cómo, en ocasiones, la pasión descarriada lleva a la locura y a la muerte.

Por suerte, el trabajo de duelo suele tener otro desenlace y permite que el enlutado acepte la pérdida y deje ir al otro. De eso se trata. El duelo es un recorrido inevitable que va de una muerte a la otra. Comienza con la pérdida de algo «real» (un amor, un trabajo, la juventud...) y concluye con una nueva pérdida, la que se afronta al dejar ir también la representación de «aquello» amado que ya no está.

Este punto final es, quizás, el más difícil. Porque implica aceptar que quien se va, no se va solo, que una parte de nosotros se va con él.

* * *

Nací un primero de noviembre de 1961 a las 11:40 a. m. Desde hace casi cuarenta años, en esa fecha y a esa hora, suena mi teléfono y escucho la voz de mi madre emocionada: «hijo, naciste».

El día que llegue un primero de noviembre y a las 11:40 a. m., en punto mi teléfono no suene, sabré que ella ha muerto. A partir de ese día, ya no seré más el hombre a quien en su cumpleaños, a las 11:40 a. m., le suena el teléfono para que la voz amada de su madre le susurre que ha nacido. Algo de mí habrá muerto con ella.

En ese momento tendré que aceptar morir un poco para no morir del todo. Porque quien no está dispuesto a ceder una parte de sí para concluir un duelo, queda atrapado en esa desmesura de la ausencia a la que llamamos melancolía.

A veces para ganar algo hay que perder. Aunque no se trata solo de ganar, sino de vivir. De amar y andar, jugar y soñar, desear, ganar y volver a perder. Ganar y perder es poder las dos cosas. Vivir para tener el poder de volver a perder. Es un poco el desafío que nos propone Georges Bataille: la voluntad de perder.

Bilis negra

Si bien el término *melancolía* deriva del latín, tiene un origen griego que significa «bilis negra».

Hipócrates, uno de los médicos más famosos de la antigüedad, planteó que hay cuatro humores que regulan el cuerpo humano: la sangre, la flema, la bilis amarilla y la bilis negra. Según él, esta última era la causante de la tristeza. No asombra, entonces, que el gesto apesadumbrado que recorre al melancólico, haya llevado a atribuir a la bilis negra el origen de su mal. Sin embargo, sería un error confundir tristeza y melancolía.

La primera es un afecto que, en sí mismo, no tiene nada de patológico. Ante muchas circunstancias de la vida, es la reacción más sana. Quien pierde algo que valora y no se entristece, devela un mecanismo de negación que puede ser peligroso. Tras la aparente carencia afectiva se esconde un esfuerzo inconsciente por no reconocer la importancia de lo perdido. Cuando esto ocurre, la emoción que no pudo descargarse deambula hasta encontrar una vía de escape que, por lo general, es sintomática y suele causar daño. Muchas reacciones agresivas, crisis de angustia, trastornos de la ansiedad y comportamientos autodestructivos tienen su origen en la imposibilidad de tramitar las emociones de manera adecuada.

La tristeza no solo es comprensible sino, a veces, necesaria. La melancolía, en cambio, es una patología grave.

Por su belleza sonora y las asociaciones que genera, esta palabra ha sido muy utilizada en la poesía o las canciones de amor, y goza de muy buena prensa. Pero desde el punto de vista clínico, se trata de una dolencia extrema y difícil de tratar que oscurece la vida del paciente.

* * *

Sarah llega al consultorio puntual. La recomendó un psiquiatra que la atiende desde hace meses. Por lo que me anticipó, se trata de un caso muy severo. A pesar de la advertencia, al tenerla frente a mí, siento el impacto. Su gesto sombrío, la mirada carente de vida, el lenguaje corporal, todo transmite una profunda desolación.

Se desploma en el sillón y acomoda la bolsa a su lado. Le pido que me cuente algo de ella. Comienza a hablar con pocas ganas. Dice que se siente vacía y sin deseo de vivir. Le pregunto si tiene idea del motivo de esta sensación. Asiente.

—Desde que rompí con Andrés, mi pareja, nunca volví a estar bien. Lo extraño cada día de mi vida. Espero su llamada con desesperación, pero esa llamada no llega nunca. Me paso todo el día mirando por la ventana con la esperanza de verlo. No quiero ni salir de casa, por si él pudiera aparecer... pero nunca aparece.

—¿Volvió a estar con alguien luego de esta ruptura?

Me mira como si hubiera pronunciado una herejía.

—No, no podría —responde terminante—. No quiero que nadie más me toque. Mi hombre era él... y tiene que ser él.

Está tensa. La interrogo con todo el cuidado que puedo.

—Sarah, ¿cuánto hace que terminó su relación con Andrés?

—Veintiocho años.

No es fácil comunicar lo que se siente al estar frente a una situación como esta, al tener delante a una persona que ha pasado la mitad de su vida presa de una imagen que la atormenta y no la abandona jamás.

Freud lo ilustró de manera contundente: «La sombra del objeto ha caído sobre el yo». Una metáfora perfecta para dar cuenta del fenómeno melancólico, y mostrar cómo la presencia constante de «eso» que ya no está lo ensombrece todo. Desaparece el deseo y se pierde el interés por la vida.

Sarah no solo estaba triste. Además, se percibía un enojo profundo con ella por no haber podido conservar su amor, con la vida que se lo había arrebatado, e incluso con Andrés que no regresaba. Esta combinación de tristeza y odio está en el trasfondo de toda melancolía. Pero no se trata de emociones mesuradas como las que solemos encontrar en otros cuadros clínicos. Por el contrario, son sentimientos desmedidos que invaden y lastiman al paciente. La tristeza y el enojo del depresivo son tan extremos que bien podríamos llamarlos *desgarro* e *ira*.

Quienes rodean a un melancólico conocen sus oscilaciones, su posición «odiante», su andar laberíntico. A pesar de eso, es posible que no reconozcan su estado, porque, muchas veces, la persona continúa con su vida: estudia, trabaja o visita a sus familiares. Pero, detrás de esa actividad que desconcierta, suele haber una parte oscura que se oculta. Un lugar doloroso donde el melancólico se desvanece poco a poco, como si viviera en el terror infernal de un túnel que va de lo perdido a la muerte, sin salidas de emergencia.

En la persona melancólica el duelo se interrumpe y, lejos de avanzar hacia una resolución sana que permita retomar la vida, se detiene en un calvario que no cesa, donde no existe consuelo ni paz.

La renuncia del cielo

Chris es médico pediatra; Annie, artista plástica… y eran tan felices.

Siempre lo fueron, desde el primer día, y mucho más cuando llegaron sus hijos, Ian y Marie. Pero una mañana, el auto que los llevaba a la escuela fue embestido por un camión. Como resultado del accidente, ambos murieron.

Ante semejante pérdida, la estabilidad psíquica de Annie se desmoronó y cayó en una depresión profunda de la que no podía salir. Luego de un intento de suicidio, tuvo que ser internada en un instituto psiquiátrico.

Chris la visitaba a diario, le hablaba, e intentaba hacerla reaccionar, mostrarle que no lo habían perdido todo, que aún se tenían el uno al otro y podían pelear para recuperar la felicidad. Sin embargo, no pudo sacarla de ese estado.

Entra en el psiquiátrico y pregunta por ella. Le indican que está en el jardín. Agradece y se dirige hacia el lugar. En su camino se topa con algunos pacientes. Los observa con pena y suspira. ¿Por qué alguien debía ser condenado a tanto sufrimiento, a dejar de ser quién era? Y, sobre todo, ¿por qué Annie?

Pasa entre los árboles y allá, a lo lejos, la ve sentada sobre el pasto. Está demacrada y débil, sin embargo, sigue siendo tan bella. Se acerca, la saluda y conversan unos minutos. La nota triste, como siempre. ¡Cuánto la ama! De todos modos, debe comunicarle algo importante.

—Annie, he tomado una decisión. —Ella lo interroga con la mirada y él le extiende un papel.

—¿Qué es esto?

—Un boleto… para mí… solo de ida.

—No entiendo. ¿Qué quiere decir?

Conteniendo su llanto, Chris intenta sonreír.

—Quiere decir que me voy de la ciudad, y no voy a volver. Me di cuenta de que mi presencia no te ayuda. Vengo acá, te hablo, y es inútil. Te juro que lo intenté, pero debo aceptar que elegiste tu destino, y no tengo un lugar en él.

Annie lo mira sin gesto alguno. Él sabe que es hora de irse. Se arrima para besarla en la mejilla y, sollozando, le susurra:

—No te rindas.

De pronto, ella comprende que está a punto de perderlo; de perder lo único que le queda en la vida, y de un modo inesperado reacciona y lo retiene.

—Dame eso —le ordena.

—¿Qué cosa?

—Ese papel… dámelo. —Luego de forcejear le quita el boleto de las manos y lo hace pedazos.

Los ojos de Chris se humedecen.

—Entonces, ¿vas a luchar?

Ella asiente, él la abraza y ambos lloran conmovidos.

A partir de ese día las cosas cambian. Annie sale del psiquiátrico, retoma sus actividades y, a pesar de la tristeza que los envuelve, recuperan algunos momentos de alegría.

Una tarde, mientras Chris está atendiendo en el hospital, Annie, ansiosa, lo llama.

—¿Qué pasa?

—Tuve un problema. Esta noche es la inauguración de mi muestra de arte y algunos de los cuadros que debía exponer no han llegado a tiempo.

—No te preocupes —intenta calmarla.

—Es que no sé qué hacer. Estoy desesperada.

Él habla con dulzura.

—Si no recuerdo mal, hay otros cuadros muy hermosos que pueden servirte.

—Sí —reconoce ella—, pero no tengo tiempo de ir a buscarlos.

—Eso no es problema, amor. Yo paso por ellos y te los llevo.

—¿En serio?

—Por supuesto. Termino con una paciente y salgo para allá.

Annie sonríe agradecida y se despiden.

Minutos después Chris se dirige a buscar los cuadros. Al atravesar un túnel, justo delante de él, se produce un accidente de tránsito. Por suerte puede frenar a tiempo. Está ileso.

Baja del auto para observar lo ocurrido y escucha los gritos de una mujer que pide auxilio. Corre hacia ella y comprueba que ha quedado atrapada en el vehículo.

—No se preocupe —intenta tranquilizarla—, soy médico. Voy a ayudarla.

Pero en ese mismo instante, un coche que viene detrás lo embiste, y muere.

Abstraída, como si no la recorriera ninguna emoción, Annie contempla el cajón que contiene el cuerpo de Chris. No siente las caricias de sus amigos, tampoco escucha sus palabras. Se ha ido a otro lugar. Un lugar solitario y silencioso. Un lugar donde no hay espacio para la vida. Lo conoce muy bien. Allí se refugió cuando perdió a sus hijos. Pero llegó su esposo a rescatarla. Ahora comprende que fue solo una tregua, una broma del destino que le devolvió la esperanza solo para castigarla una vez más.

Ya no vendrá nadie a buscarla y no quiere estar allí. Pero sabe lo que tiene que hacer.

Chris abre los ojos y comprueba que se encuentra recostado sobre el césped. Se pone de pie y mira alrededor. Es un mundo diferente, lleno de colores.

Una voz interrumpe sus pensamientos.

—Sí, estás muerto, y este es tu cielo personal. Así que puedes hacer todo lo que quieras.

Poco a poco, con la ayuda de ese muchacho, Chris comienza a entender cómo funciona el lugar. Lo recorre sin apuro y se reencuentra con su hija, que ha tomado la forma de una joven china. Así son las cosas allí, cada uno tiene el aspecto que desea.

Pregunta por su hijo, y el muchacho le dice que ya lo encontrará cuando esté preparado para hacerlo.

—Entonces, es cuestión de tiempo —comenta alegre—. Solo debo esperar un poco y volveremos a reunirnos los cuatro.

El joven se pone serio.

—Eso no va a pasar nunca.

—¿Por qué?

—Porque Annie no pudo soportar tu muerte… se suicidó. Y los suicidas van a otro sitio.

—¿Qué? —Reacciona con enojo. —¿Acaso después de todo lo que sufrió, Dios la condena al infierno?

—No, no es Dios quien la condena. Es ella misma que ha elegido el dolor y la locura.

En un intento por no perder la esperanza, Chris comenta:

—Bueno, pero a lo mejor, en algún momento reacciona, y cuando eso ocurra, vendrá con nosotros.

—No. Eso tampoco pasará.

—¿Por qué? —lo interroga furioso—. ¿Acaso hay una ley que lo prohíbe?

—No, pero hasta ahora nadie lo ha logrado.

Chris lo toma de los hombros y lo atraviesa con la mirada.

—Entonces, vas a sorprenderte. Annie y yo hicimos muchas cosas que nadie podría hacer. Esta será una más. —Gira y comienza a caminar.

—¿Adónde vas?

—A buscarla.

El muchacho le dice que solo puede llegar al infierno con la ayuda de un guía, y se ofrece a presentarle uno. Cuando lo encuentran, el anciano le advierte que pasarán por situaciones difíciles y que, aun si lo consiguieran, Annie no sería capaz de reconocerlo. Pero Chris no piensa renunciar.

Tal como el hombre le había advertido, atraviesan lugares horrorosos, y Chris observa los gestos de dolor de quienes están condenados allí.

—Este no puede ser el destino de Annie —le comenta al joven—. No voy a dejarla acá.

El muchacho asiente y transita el camino a su lado a pesar de los riesgos. En un momento, Chris se detiene y lo mira. Es cierto, debe tener unos 30 años y su imagen es diferente, sin embargo no tiene dudas. Entonces lo abraza y le dice.

—Tú eres Ian, mi hijo.

El joven asiente y llora en sus brazos.

—¿Cómo lo supiste? —le pregunta.

Y el padre, con una mirada conmovida responde.

—Porque eres la única persona en el mundo que elegiría para que me acompañara a enfrentar el infierno.

Al llegar a un punto del camino, el anciano indica que, a partir de allí, ellos deben continuar solos. Ian no puede acompañarlos más. El hijo se resiste, pero Chris le pide que obedezca, que confíe en él, y luego de despedirlo con un abrazo, le indica al guía que retomen su camino.

Poco después, llegan a un lugar que Chris cree reconocer.

—Se parece a nuestra casa. Pero está abandonada, derruida.

—Así es. Porque ya no es tu hogar. Ahora es la morada en la que vive Annie. En su mente, ella la ha construido así. Este es su infierno propio.

—Voy por ella —arremete Chris.

El hombre lo detiene.

—Valoro mucho tu esfuerzo, pero, como te dije, todo este viaje ha sido inútil. Annie no va a reconocerte. Ahora vive en un mundo oscuro, viendo y escuchando cosas que la atormentan.

—De todos modos, voy a ir.

—Como quieras. Pero solo tienes dos minutos. Si te quedas más de eso, es ella quien te llevará a su infierno. Entonces, vas a olvidarte de quién eres y ya no podrás salir jamás.

Chris acepta el desafío y camina hasta la casa.

Al llegar, empuja la puerta y la ve. Allá, en un rincón, meciéndose en el piso, como en el jardín del psiquiátrico. Y, como aquella vez, se le acerca lentamente y se inclina a su lado.

—Hola, Annie. —Ella se sobresalta—. ¿Te acuerdas de mí?

—No —responde alejándose.

—¿Por qué estás aquí?

—Porque maté a mis hijos… y a mi amado esposo.

Él intenta acotar algo pero el grito de Annie lo paraliza. Con movimientos descontrolados, ella se golpea el cuerpo como tratando de quitarse de encima insectos que la lastiman. Chris no puede verlos, pero igual la ayuda.

—Ya está —pretende calmarla—. Se fueron.

A medida que los segundos pasan, él comprende que no podrá devolverle la cordura. Entonces, se levanta y sale de la casa. A unos metros de allí, el anciano lo espera con gesto comprensivo.

—Tenías razón, no voy a lograrlo.

—Al menos lo intentaste. Ahora tenemos que irnos.

—No, no me voy —lo interrumpe—. Salí para pedirte que les digas a mis hijos que me perdonen por no volver con ellos. Diles que me quedo con su madre.

—No lo hagas —ruega el anciano.

Chris sonríe.

—No tengo opción. La amo y no voy a dejarla sola en este sitio.

Y, sin decir más, se despide y regresa a la casa.

Annie sigue en el mismo lugar. Continúa golpeándose y tiembla de miedo. Esta vez, él camina decidido hasta ella.

—Quiero que me escuches —le dice—. En un minuto ya no sabré quién soy y quizá me olvide hasta de por qué estoy aquí. Antes de que eso suceda necesito pedirte perdón. —Annie lo mira atemorizada—. Perdón por todas las discusiones que pudimos tener, por no haber sido el hombre perfecto que soñaste, por las veces que quemé la comida —sonríe—. Pero, sobre todo, quiero que sepas que eres la mejor persona del mundo.

—¿Por qué? —Solloza ella—. ¿Por haber matado a mi familia?

—No. Porque hay que ser alguien muy especial para que un hombre esté dispuesto a renunciar al cielo solo para quedarse a tu lado.

Luego de decir eso, él siente cómo su mente comienza a nublarse. Está confundido y se aleja un poco. Mira su entorno sin comprender. Annie lo percibe y, en ese instante, lo recuerda.

—Chris, por favor, no te vayas —le suplica.

Él no reacciona. Entonces Annie lo sacude con fuerza y, como si la frase viniera desde lejos, grita:

—¡Por favor, no te rindas!

Dejo aquí el relato de la historia. Quien quiera conocer el final puede ver la película *Más allá de los sueños*, dirigida por Vincent Ward y protagonizada por Robin Williams y Annabella Sciorra. Solo voy a permitirme algunos comentarios acerca de la trama.

Hemos hablado de la pulsión de muerte y la pasión por el sufrimiento que esa pulsión genera. Annie es un claro ejemplo. Ante el impacto de la muerte de sus hijos cae en una depresión tan profunda que intenta matarse. Por suerte, en ese momento, estaba Chris, representante del amor, de la libido, para volver a conectarla con la vida. Pero era él quien la sostenía desde afuera. Ella no pudo encontrar nunca la fuerza para soportar sola su pérdida. Por eso, cuando él murió, con esa calma de quien ya no desea nada, se mató.

Annie miró el abismo y el abismo la miró a ella… hasta que la voz muda de la pulsión de muerte le susurró «suéltate», y se soltó.

Como señala la película: «En el infierno radica el único de los castigos posibles: la locura».

Hay un detalle más que aparece velado en el relato. Aunque en apariencia Chris era el fuerte de los dos, el final nos demuestra que no fue así. Annie era su apoyo. Por ella pudo soportar la muerte de sus hijos. Sin embargo, al ver que no podría tenerla más a su lado, renunció a ellos, al cielo, y se condenó al infierno.

«Hay que ser alguien muy especial para que un hombre esté dispuesto a renunciar al cielo solo para quedarse a tu lado», dijo Chris. Eso es lo que el Inconsciente le murmura al melancólico todo el tiempo. Que es preferible condenarse, antes que soltar lo perdido.

Esta historia muestra de un modo descarnado que la melancolía es una enfermedad que detiene la vida, y hay personas que de tanto mirar el abismo, se sueltan y terminan siendo parte del vacío.

Pulsión de muerte. Pasión por lo perdido.

* * *

Argirea era la ninfa de una fuente de la región de Arcadia. Se cuenta que hace mucho tiempo se enamoró de un joven hermoso llamado Selemno. Apasionada, salía de las aguas cada día para amarlo. Él la esperaba con el corazón acelerado hasta verla aparecer en el bosque. Ella lo acariciaba, lo envolvía con su magia y juntos se entregaban al ardor de los cuerpos. Pero el tiempo es cruel con los humanos y, a medida que los años pasaban, la belleza del joven se fue marchitando hasta que Argirea perdió todo interés por él y dejó de visitarlo.

Puedo ver a Selemno sentado sobre el pasto, suplicante, anhelando con ansiedad un encuentro que no volverá a suceder. Al principio, quizá pensó que la ninfa llegaría en cualquier momento para sorprenderlo con sus besos y caricias, como antes. De seguro, la esperó con los ojos clavados en la distancia intentando descubrir una figura que nunca apareció. Hasta que, sin poder soportarlo más, murió de angustia.

Pero su dolor no pasó desapercibido.

Afrodita, la diosa del deseo, que valora a los amantes tenaces, se apiadó de él y lo transformó en río. Sin embargo, a pesar de la metamorfosis, Selemno seguía penando por Argirea. Conmovida por eso, Afrodita le concedió el don de olvidar todas sus penas y, de ese modo, alivió su pesar. Dicen que, desde ese momento, quien se baña en las aguas del Selemno olvida los tormentos amorosos.

Pausanias, geógrafo e historiador griego del siglo II, señaló que las aguas de este río valían más que todas las riquezas del mundo. Y tenía razón. ¿Qué no daría quien está atravesando el infierno del desamor por aliviar su dolor con el olvido?

Es esperable que todo enlutado desee sumergirse en el río Selemno para dejar de lado la omnipresencia del amado perdido, pero el proceso de duelo es mucho más difícil. Como señaló Borges: «No basta ser valiente para aprender el arte del olvido».

Entre la realidad y la verdad

Sarah da cuenta de la tortura de vivir en un mundo oscuro y solitario. Un mundo que no puede habitar nadie más que ella y el fantasma de un hombre al que no ve desde hace 28 años. Entregada a la pasión destructiva de sus emociones, se niega a escuchar a todo aquel que intente contradecir su anhelo de que Andrés regrese.

Tiene hermanos, sobrinos, y su madre aún vive. Pero, por más que intentan acercársele, es en vano. Sarah los rechaza con violencia, porque ellos pretenden convencerla de que él no volverá.

Es habitual que la persona depresiva termine expulsando a quien se le aproxime para darle auxilio. No está dispuesta a escuchar razones ni ceder su dolor. A eso le llamamos *goce*. Y si ese goce es el precio que debe pagar por no renunciar a lo amado, lo pagará, aunque el costo sea la vida misma. Es la pertinacia de Selemno que, aun río y muerto, sigue sufriendo. Pasión que plasmó Quevedo en su poema: *Polvo serás, más polvo enamorado.*

Pocas patologías muestran la pulsión de muerte de modo tan crudo.

Cuando recibimos un impacto emocional doloroso, nos invade una profunda ambivalencia. El mundo exterior nos muestra algo que querríamos que no fuera así. Entonces, se entabla una lucha entre la realidad externa y el deseo. En esa situación, una parte de nosotros, a la que llamaremos *Yo*, debe hacerse cargo de resolver el conflicto, y puede hacerlo de dos maneras.

La primera, la más sana, es aceptar la realidad, soportar la angustia, comenzar el duelo y transitarlo hasta recuperar el equilibrio afectivo. La otra, por el contrario, es tomar partido por lo que inconscientemente se desea y negar la realidad que lastima.

En estos casos, ese deseo impone al sujeto la renuncia a esa realidad «objetiva» y su reemplazo por otra distinta, una realidad psíquica fantaseada a la que llamaremos *verdad*. ¿Por qué? Porque es aquello en lo que el sujeto cree. Sarah, por ejemplo, está convencida de que Andrés va a volver. No repara en el tiempo que ha pasado ni en las señales que muestran que el regreso es imposible. Por el contrario, espera su retorno en cualquier momento. Por eso, pasa sus tardes mirando hacia la calle y permanece en su casa a la espera de que suene el timbre.

Durante el duelo, el enlutado pasa por distintos momentos. Como dijimos, al principio, su relación con la realidad se ve perturbada, incluso en los casos en los que el proceso se lleva adelante con sanidad. De allí los trastornos de la percepción de los que hablamos. Esos fenómenos dan cuenta de la verdad interna que se niega a admitir lo sucedido. Sin embargo, la persona no rompe del todo su relación con el mundo externo y es de esperar que, con el paso del tiempo, esos episodios desaparezcan y se restituya el vínculo entre ella y la realidad.

En la melancolía, esto no sucede. El melancólico no niega la realidad. Hace algo mucho más drástico: la sustituye por otra.

Sarah ha tomado partido por su idea desmesurada de recuperar a Andrés. No entiende razones, prioriza su verdad y renuncia al mundo real. Por eso está sola, porque nadie puede entenderla ni compartir su universo psíquico. A pesar de los años, sigue sosteniendo tenazmente un deseo que, a esta altura, no podemos seguir llamando *deseo*, sino *pulsión de muerte.*

En el intento por continuar ligado a la vida, el melancólico llena los huecos generados por el rechazo de la realidad con delirios y alucinaciones. Percibe cosas inexistentes y desarrolla argumentos que justifican sus actitudes y sostienen sus certezas. Estos trastornos perceptivos no tienen el efecto transitorio que ejercen durante el duelo «normal». Lejos de eso, construyen los cimientos de una nueva realidad que da cuenta de un estado de locura.

* * *

Inmóvil en su silla, mira a través del ventanal. Observa el árbol deshojado, el techo de tejas y ratifica lo que ya sabe… llueve.

Divisa el cielo gris, el piso lleno de hojas muertas y advierte cómo todo se ha ido vistiendo de otoño. La tarde cae, se duerme y se mece como un niño.

Siempre hace lo mismo cuando se acerca la noche. Se ubica en ese lugar junto a la ventana y pierde la mirada. Al rato comienza a recorrerlo un lamento, una voz, un murmullo que, como el viento, lo golpea con fuerza, y piensa en ella.

Querría contarle tantas cosas… que está quemándose el último leño en la chimenea, que la extraña, que daría lo que fuera por volver a sonreír, que está muy solo, que tiene miedo. Y, en ese extremo del dolor, le habla. Le cuenta que está seguro de que, si ella pudiera verlo, escucharlo, olvidaría todo lo pasado y volvería con él. No es solo un pensamiento. Lo dice en voz alta a una lámpara de pie que, en ese momento, percibe como si fuera ella. Y así se queda, esperando una respuesta que no llega, abstraído en ese mundo sin tiempo, mientras lo envuelven las sombras.

Conmovedora descripción del momento melancólico que Joan Manuel Serrat plasmó en «Balada de otoño».

Llueve,
detrás de los cristales, llueve y llueve
sobre los chopos medio deshojados,
sobre los pardos tejados,
sobre los campos, llueve.

Pintaron de gris el cielo
y el suelo se fue abrigando con hojas,
se fue vistiendo de otoño.

La tarde que se adormece
parece un niño que el viento mece
con su balada en otoño.

Una balada en otoño,
un canto triste de melancolía,
que nace al morir el día.

Una balada en otoño,
a veces como un murmullo,

a veces como un lamento,
y a veces viento.

Te podría contar
que está quemándose
mi último leño en el hogar,
que soy muy pobre hoy,
que por una sonrisa
doy todo lo que soy,
porque estoy solo y tengo miedo.

Si tú fueras capaz
de ver los ojos tristes de una lámpara y hablar
con esa porcelana que descubrí ayer
y que por un momento se ha vuelto mujer.

Entonces, olvidando
mi mañana y tu pasado,
volverías a mi lado.

Se va la tarde y me deja
la queja que mañana será vieja
de una balada en otoño.

Llueve,
detrás de los cristales, llueve y llueve…

Una dolencia difícil de curar

La melancolía es una enfermedad compleja y muy resistente al trabajo analítico.

El Psicoanálisis no es como la Medicina. Se puede medicar a alguien sin su consentimiento, como ocurre, por ejemplo, cuando una persona está en estado de coma, y las drogas harán efecto de todas maneras. Los estudios darán sus resultados, la anestesia lo dormirá y la cirugía podrá realizarse más allá de la confianza o el compromiso del paciente. Para el Psicoanálisis, en cambio, ese compromiso es parte fundamental del tratamiento. No hay analista en abstracto. Se es analista solo de aquellos que nos instituyen en ese lugar por decisión propia, de quienes al vernos llegar dicen: ese es mi analista.

Ser psicoanalista es consecuencia de un recorrido que empieza con el tratamiento personal, al tiempo que se estudian la teoría y las técnicas del Psicoanálisis. No basta con haber obtenido el título universitario. En todo caso, quien lo haya hecho, podrá decir que es licenciado en psicología, pero no analista. Según aconsejaba Freud, para serlo, es importante conocer de música, literatura, matemática y mitología, entre otras cosas. Asimismo, nuestro contacto permanente con los psiquiatras nos obliga a tener nociones del campo médico y de la farmacología. De otro modo, no podríamos intercambiar opiniones con ellos, ni comprender los efectos que puede producir alguna droga recetada a nuestros pacientes. Y aun después de todo esto, falta el detalle más importante: alguien que, por decisión propia, nos convoque a escucharlo y nos otorgue el derecho a intervenir. Alguien que confíe en nosotros como para contarnos cosas que no habla con nadie más. Alguien capaz de cuestionarse, poner en juego sus enojos, sus miedos, y vivir apasionadamente ese mundo único que se da entre las cuatro paredes del consultorio. Sin la participación del paciente no hay transferencia y, sin transferencia, no hay análisis.

Lo primero que exige el Psicoanálisis es, entonces, que el sujeto ponga en juego un deseo; el deseo de abandonar el lugar de sufrimiento. Sin eso, todo intento será inútil. Porque, a diferencia de la medicina, que actúa desde afuera, el analista actúa desde adentro del paciente, y si él no juega ese «desde adentro», no hay tratamiento posible.

Por todo esto, la melancolía es un cuadro clínico difícil de abordar, porque el paciente no quiere luchar contra la enfermedad. Se atrinchera en la desmesura de la pulsión de muerte y desde allí resiste porque no está dispuesto a ceder su objeto amado y perdido.

Para decirlo con claridad: la melancolía, cuando no es metáfora romántica sino cuadro clínico, es una psicosis grave y muy difícil de tratar.

* * *

Juana nació en la ciudad de Toledo, el 6 de noviembre de 1479.

No era hermosa, sin embargo su cara angulosa y sus ojos rasgados le daban cierto atractivo. Tenía destino de reina, pero su vida fue muy distinta.

Ya de chica dio muestras de un equilibrio emocional precario, y algunas de sus actitudes resultaban preocupantes. Tenía un carácter demasiado fuerte y, en ocasiones, buscando imitar a los santos, cuando nadie la veía, se flagelaba hasta quedar deshecha en el piso.

A los 16 años sus padres, los Reyes Católicos de España, decidieron casarla con Felipe de Austria, soberano de Flandes. Una importante comitiva la acompañó en el recorrido que la uniría a su marido.

A él lo apodaban «El Hermoso». Algunos decían que ese sobrenombre tenía más que ver con su adicción por las mujeres que con su belleza. Lo cierto es que, al verse, Juana y Felipe se apasionaron de tal forma que pidieron la presencia inmediata de un sacerdote para que los casara aquella tarde. No podían contener el deseo de estar juntos esa misma noche.

Desde el primer encuentro, ella sintió un ardor descontrolado por su esposo, quien, a pesar de corresponderla, no dejaba de visitar a otras damas. Por ese motivo, discutían a menudo, y unos celos indomables la invadieron.

Es una mañana soleada y decide salir a pasear. Mientras camina por el castillo, ve a una joven rubia, muy bella que tiene un papel en la mano.

La mira con odio y se le acerca.

—Dame eso —le exige.

—No, señora… es algo privado —balbucea la mujer.

Pero lo único que consigue es que Juana se enfurezca aún más.

—Es una carta que te escribió mi esposo, ¿verdad?… Te ordeno que me la entregues ya mismo.

La joven, quizá por coraje, o tal vez por miedo, se lleva la nota a la boca y se la traga. Juana se abalanza y la golpea descontrolada. La rubia cae al piso. La infanta se arroja sobre ella y la ataca con unas tijeras que llevaba en la mano.

Al rato se pone de pie y la observa. La mujer está sangrando y su rostro, desfigurado. Entonces, Juana sonríe.

—Puedes irte. Felipe no volverá a mirarte más.

A medida que corría el tiempo, Juana empeoraba. Pasaba noches en vela y días enteros sin alimentarse, después de los cuales parecía reaccionar, solo para comer con voracidad. En algunas ocasiones se mostraba abúlica y sin energía y, otras, tenía episodios de violencia cada vez que alguien la contrariaba.

Los médicos de cámara intentaron hacer algo, pero no consiguieron ayudarla. Era un caso demasiado extraño para ellos.

—Algunas veces no quiere hablar; otras, da muestras de estar «transportada»... pasa días y noches recostada en un almohadón con la mirada fija en el vacío.

Por fin, diagnosticaron que la heredera al trono sufría de una enfermedad muy grave a la que llamaron *melancolía.*

Ante semejante situación, Felipe decidió regresar a Flandes, donde se divertía mucho más que en España.

Juana lo vio partir y no podía creerlo. Se desesperó y decidió correr tras él. Así como estaba, descalza, con ropa de cama y sin abrigo, salió de su cuarto y arremetió hacia el pasillo. Las damas de la corte intentaron detenerla, pero no pudieron. En su auxilio llegó el obispo de Córdoba, quien debía cuidarla esa noche. Entre todos lograron encerrarla en su habitación y ella, fuera de sí, se arrojó contra los barrotes de la ventana y los sacudió con furia.

A partir de ese día se negó a vestirse, a bañarse y salir de su habitación. A pesar del frío, dormía en el piso y rechazaba a todo aquel que se acercara a asistirla. Dada la gravedad del cuadro, se decidió dejar que partiera a Flandes para reencontrarse con su esposo.

Presa de su delirio de celos, Juana impidió que cualquier dama la acompañara y, al llegar, expulsó a toda mujer del palacio. Sin embargo, no le bastó con eso. Permaneció despierta por las noches hasta escuchar que la habitación de al lado, la de Felipe, se abriera. Entonces, embestía contra la pared y la golpeaba.

En enero de 1506, el matrimonio se trasladó definitivamente a España. Meses después, algo terminaría de derrumbar el pobre equilibrio psíquico de Juana. Luego de un juego de pelota, Felipe, transpirando, bebió un jarro de agua helada. Al día siguiente cayó presa de un estado febril. Su esposa lo cuidó y no se apartó de su lado ni un momento, pero no pudo hacer nada. Ocho días después, el hombre murió en sus brazos.

Ella no soltó ni una sola lágrima. Ordenó que ninguna mujer se acercara al cadáver. Presenció el proceso de embalsamamiento, impidió que lo enterraran y mandó trasladar el féretro a un monasterio de clausura de hombres.

De su cuello colgaba la única llave del ataúd. Llave que utilizaba cada vez que iba a visitarlo.

Juana entró en el sepulcro, tomó la llave y abrió el cajón. Levantó la tapa y contempló el cadáver de Felipe. Miró su rostro y lo acarició; le seguía pareciendo hermoso. Durante un largo rato se entregó a un mundo de fantasía en donde todavía había lugar para su amor. Sonrió, quizá pensando que caminaban juntos, o que se entregaban a la pasión. Se inclinó y lo besó. En su obsesión erótica no percibió que el cuerpo fue mal embalsamado, ni registró el hedor y la putrefacción que iban dejando sus huellas.

En el mes de noviembre, un brote epidémico obligó a mudar la corte a otra ciudad, pero Juana se negó a dejar el cuerpo de su marido y decidió trasladarlo con ella. La acompañaron unos pocos frailes, algunas criadas que consideraba viejas y feas, y unos soldados que tenían la orden de impedir que cualquier mujer se acercara a su esposo que, a esa altura, era un despojo maloliente.

Juana nunca aceptó que Felipe estuviera muerto. Tenía la idea delirante de que estaba embrujado y despertaría después de un tiempo para estar a su lado para siempre.

Cuatro años después, la soberana yacía encerrada en una oscura habitación. Sucia, flaca, vestida con harapos, casi no dormía y comía de tanto en tanto. Su padre intentó ayudarla poniendo un séquito de mujeres para que velaran por ella, aun en contra de su voluntad, pero no pudieron hacer demasiado.

El rey Fernando murió en 1516. Un año después, Carlos y Leonor, hijos de Juana, fueron a visitarla y la sacaron del cuarto. Pero al día siguiente, ella empezó a llorar y a quejarse con tanta angustia, que tuvieron que devolverla a su encierro.

Magos, brujos y sacerdotes intentaron exorcizarla, pero todo fue en vano. Y así pasaron años, entre arrebatos de furia, llantos, gritos desgarrados y silencios eternos.

Cuarenta y seis años pasaron de su primer encierro. En la madrugada de un Viernes Santo, en una oscura habitación de Tordesillas, Juana, La Loca, murió después de haber estado entre muros desde los 29.

Como en Sarah o Laodamía, la pasión de Juana se desplegó imantada, atraída hacia regiones de lo perdido en donde abunda lo inhóspito y el desencuentro con uno mismo. Tanto que Juana dejó de ser Juana I de Castilla para pasar a ser Juana La Loca. Tal fue su precio: perder incluso hasta su nombre.

La pasión tiene un precio. En este caso, el precio fue la locura.

Certeza y locura

El ser humano está recorrido por un milagro que no suele valorar, y ese milagro es la ausencia de certezas, al menos en las personas que conservan cierto nivel de salud mental. En cambio, hay cuadros clínicos graves que desarrollan algunas formas de pensamiento patológico —como los delirios de interpretación y de atribución— en los que aparece la certeza como rasgo distintivo.

El delirio de interpretación da cuenta de cómo, quienes lo padecen, interpretan la realidad de manera tal que encaje en su lógica delirante. Sarah, por ejemplo, tenía la certeza de que Andrés volvería. Cierta vez se quedó sin luz durante dos días, y concluyó que debía de ser una estrategia para que ella no pudiera escuchar el timbre que, estaba convencida, Andrés se habría cansado de tocar. ¿Una estrategia de quién? De Dios, del destino, o de alguien que la odiaba. Daba lo mismo, mientras le permitiera sostener aquella idea delirante de que su amado regresaría.

No siempre el delirio mantiene la idea del retorno de lo perdido. Algunos melancólicos aceptan la pérdida, sin embargo, se aferran a la creencia de que todo lo que pudiera venir solo será un sustituto fallido.

De allí el desdén, el rechazo o la furia hacia esos otros que no pueden colmar la ausencia. Insatisfacción crónica. En ocasiones, estas personas se permiten algún nuevo intento. Intentos que abandonan al poco tiempo denigrando al otro por no ser precisamente lo perdido.

Este tipo de melancólico sostiene una certeza: «yo ya perdí». De ese modo el vacío y el dolor se actualizan de manera constante.

En el delirio de atribución, en cambio, el enfermo piensa que todo lo que ocurre le está dedicado. Una persona que está parada en la esquina, una noticia televisiva o el ruido de una sirena se procesarán en su mente como hechos dirigidos a él. Así, por ejemplo, interpretará que esa manifestación que llena la plaza para festejar un triunfo deportivo, es en realidad un grupo de gente que se ha reunido para alabarlo o agredirlo, según la característica de su delirio particular.

Son trastornos graves que comparten un rasgo: la certeza. Quienes los sufren, no dudan de que esas cosas tienen que ver con ellos. Así, el delirio resulta inconmovible y de nada valen los argumentos que se puedan levantar en su contra.

Todos podemos pasar por un episodio parecido. Ante la decisión de un jefe o una pareja, quién no pensó alguna vez: «esto me lo hizo a propósito». Sin embargo, al recibir una explicación, esa idea puede trastabillar y aparece la duda. La persona podrá aceptar o no aquello que le digan; podrá, incluso, seguir creyendo que tiene razón. Pero se trata solo de eso, una creencia, no una certeza. Y esta diferencia es fundamental.

Suele haber una mirada romántica acerca de la locura que la une a la genialidad. Sin embargo, son dos fenómenos muy diferentes. Esa confusión parte de un razonamiento erróneo. Que algunos perros enfermen de cáncer, no implica que todo ser vivo que enferma de cáncer sea un perro. Del mismo modo, que algunos locos hayan sido geniales, no implica que todos los genios hayan estado locos.

Hay en la locura un desenfreno que lastima a quien la padece, y angustia o pone en riesgo a los demás. He presenciado momentos de descompensación en pacientes con patologías graves, y puedo asegurar que no hay nada de maravilloso en ello. El genio de Van Gogh lo llevó a crear una de las obras pictóricas más hermosas de la humanidad. Su locura lo llevó a cortarse la oreja.

* * *

Los griegos conocían muy bien el infierno que implica la locura. Por eso, era uno de los castigos preferidos de los dioses cuando querían escarmentar a alguien.

Se cuenta que Zeus tuvo muchos romances clandestinos. En uno de ellos se relacionó con la bella Sémele, hija de Cadmo, rey de Tebas, deidad de la tierra.

Como se sabe, Zeus estaba casado con Hera, una diosa obsesionada por los celos que, cansada de las constantes infidelidades de su esposo, había decidido que no dejaría pasar ninguna más. Tal era su furia que no tenía reparos a la hora de castigar a las amantes y sus hijos bastardos. Enterada de la traición de su esposo, rápidamente encontró la manera de destruir a Sémele y al hijo que estaba en su vientre. Para llevar a cabo su venganza, inspiró en su rival el anhelo de contemplar a Zeus en toda su plenitud. Al principio, él se rehusó, porque sabía el efecto que eso podría causar, pero Sémele le recordó su promesa de cumplir cualquiera de sus deseos. Obligado por ese juramento, el señor del Olimpo se mostró en toda su grandeza, entre rayos y truenos. Sémele quedó maravillada por esa visión, que sería la última de su vida. En unos segundos se vio envuelta por las llamas que manaban de Zeus quien, desesperado, abandonó su poderosa imagen para salvarla, aunque ya era demasiado tarde. Sin embargo, pudo rescatar al niño que Sémele llevaba en su vientre y lo injertó en su propia pierna para que pudiera completar los tres meses que le restaban de gestación.

Pasado ese tiempo, Zeus encargó a Hermes, su mensajero, que se llevara al bebé y lo dejara al cuidado del rey Atamante y su esposa Ino. Estos lo vistieron con ropa de niña para engañar a Hera, pero el truco no surtió efecto y la diosa, enojada, los enloqueció. Entonces, Zeus decidió llevar a su hijo a un país lejano llamado Nisa, lo transformó en cabrito y lo entregó a la protección de las ninfas del lugar. Y así creció Dioniso, rodeado de amor, paz y armonía. Pero Hera jamás olvidaba.

Esa tarde estaba inquieta. Un presentimiento la empujaba a pasear su mirada divina, hasta que lo vio. Es cierto que había pasado mucho tiempo, pero los años solo habían acrecentado el parecido entre el joven y su padre. Por eso, lo reconoció al instante. Al ver su rostro hermoso, sus gestos suaves y delicados, sintió cómo la furia la recorría, y el viejo rencor emergió de las sombras. Decidida a transformar el refinamiento en barbarie, la inteligencia en perversión y la delicadeza en horror, Hera maldijo a Dioniso con la locura.

Al fin se sintió tranquila. Ahora sí podría descansar… su venganza estaba consumada.

A partir de ese momento, Dioniso se rodeó de sátiros y ménades con los que recorría las distintas regiones de la Grecia antigua generando a su paso el desenfreno en todas sus variantes, en especial el sexual. Además, hacía tiempo había descubierto una extraña bebida que enloquecía a quienes la tomaban: el vino.

Bajo los efectos de la locura, Dioniso fue en busca de la conquista del mundo. Sin quererlo, Hera había creado un ser tan desmesurado como los propios habitantes del Olimpo. Alguien cuya fama sería inmensa.

Sin embargo, el maleficio no fue eterno. Luego de un largo peregrinar enajenado, al llegar a Frigia, la diosa Cibeles lo purificó, lo inició en los ritos de su culto, y puso fin a su locura.

Se cuenta que poco después, luego de haber destruido una nave pirata que quiso tomarlo como esclavo, Dioniso llegó a la isla de Naxos. Al desembarcar encontró durmiendo sobre la arena a una mujer hermosa. Era, ni más ni menos, que Ariadna, hija del rey Minos, aquella que con su hilo había ayudado a Teseo a escapar del laberinto del Minotauro.

Apenas la vio, el dios se sintió enamorado y le suplicó a Hefesto, el dios herrero, que le hiciera una diadema de oro. Entonces, la despertó con suavidad, le entregó la joya, y la convirtió en su esposa. Con ella tuvo seis hijos y pudo hallar la felicidad.

Culminada su aventura en la Tierra, Dioniso se elevó y ocupó un lugar entre los dioses, no sin antes rescatar a su madre Sémele del reino de los muertos para llevarla con él, para escarnio de la vengativa Hera, quien tuvo que aceptar que la antigua amante de Zeus y su hijo formaran parte del panteón olímpico. Un acto de justicia. Toda venganza debería tener el costo de su propio infierno.

La orgía fue la forma oficial de celebrar el culto a Dioniso. En estas celebraciones, conocidas como fiestas dionisiacas, o «bacanales» —dado que el nombre romano de Dioniso es Baco— se daba rienda suelta a todas las variantes del placer de los sentidos. Eran fiestas llenas de danza, vino y, por supuesto, de sexo.

Ser o no ser

Si, como dijimos, la certeza solo es posible en casos de psicosis graves, eso implica que, para el resto, solo queda el camino de la duda. Vacilar ante cada decisión y avanzar a pesar de la incertidumbre y el riesgo. Pero, lejos de ser una desgracia, es precisamente esta característica la que da sentido a la vida.

Me asombran aquellos que desean conocer su futuro. Esas personas que consultan a adivinos para saber qué les depara el destino. Me pregunto qué atractivo encuentran en una vida sin misterio. Por suerte para ellos, las predicciones suelen ser tan oscuras que terminan diciendo nada. Como advirtió Heráclito de Éfeso: «El señor, cuyo oráculo está en Delfos, ni dice ni oculta, sino que da señales». Y esas señales son tan confusas que da lo mismo que estén o no.

* * *

Cuenta Sófocles en su tragedia *Edipo Rey* que antes de que Edipo fuera concebido, sus padres, Layo y Yocasta, estaban muy afligidos porque no lograban descendencia. Decidieron, entonces, consultar al oráculo para saber cuál era la causa de su infortunio. Pero la respuesta los llenó de estupor: «Sobre vosotros se ceñirá la más cruel de las desgracias si llegarais a tener un hijo, pues está escrito que este matará a su padre y se casará con su propia madre».

Tiempo después, y a pesar de este consejo, Yocasta dio a luz a un hijo.

Sospecho a Layo parado junto al lecho del bebé, observándolo con ternura. De pronto recuerda las palabras de la pitonisa. Sabe que debe deshacerse del niño para evitar una desgracia, pero no tiene el valor de matarlo con sus propias manos. Por eso, llama a un vasallo y le ordena que lo lleve al monte Citerón y lo asesine.

El sirviente acata, pero a medida que se acerca al lugar lo invade una sensación de angustia. Mira al chico que lleva en brazos y siente que no tiene el valor para matarlo, aunque sabe que no puede volver con él porque el rey lo castigaría con la muerte. Entonces, decide tomar una soga que lleva en su cintura, y atar los pies del niño para colgarlo de un árbol. Está seguro de que no podrá sobrevivir. Morirá de hambre o lo devorará algún animal; pero al menos no tendrá que asesinarlo él mismo.

Al quedar solo, el niño rompe a llorar y su llanto llama la atención de un pastor que, cerca de allí, cuida los rebaños del rey de Corinto. El hombre se acerca y no puede creer la escena que se despliega ante sus ojos. Con mucho cuidado desata al chico. Está confundido, se pregunta qué hacer, y comprende que debe consultar al rey Polibio y su esposa, Peribea.

Al ver al bebé, la reina sonríe. Es hermoso, piensa. Mira a su marido suplicante. Después de todo, ellos no han podido tener hijos. Con un gesto el rey acepta. Van a adoptarlo y, dado el estado en que se encuentra el niño después de estar suspendido tanto tiempo en aquel árbol, deciden llamarlo Edipo (pies hinchados).

Edipo mira con furia al muchacho con el que acaba de pelear. No puede creer lo que le contó. ¿Cómo que no es hijo de los reyes? No puede ser. Corre hasta el castillo. Su padre lo ama y es un gran hombre, no va a mentirle. Seguramente le dirá que no es más que un invento. Pero se equivoca. El rey Polibio le confiesa que es verdad.

Sale de allí consternado con la determinación de averiguar quiénes son sus verdaderos padres. Sabe perfectamente adónde ir. Llega al oráculo de Delfos y la respuesta de la pitonisa lo angustia: «No retornes jamás a tu país natal si no quieres ocasionar la muerte de tu padre y casarte luego con tu madre».

Edipo no puede permitir que eso ocurra. No regresará jamás a Corinto, por eso decide retirarse a otro lugar. No va a arriesgarse a lastimar a Polibio y Peribea. Después de todo, lo criaron como si fuera su propio hijo.

Está cansado. Hace mucho que camina. De pronto, ve llegar a un grupo de personas.

—Apártate, abre paso al rey —le gritan de mal modo.

Edipo está demasiado agotado y molesto como para obedecer.

—Vamos —le ordena otro—. Deja avanzar el carruaje real.

Los mira con odio. Le molesta la arrogancia de esa gente. No permitirá que lo traten de ese modo. Peleará con ellos. El enfrentamiento dura pocos minutos. Tiempo suficiente para que el más anciano de sus rivales, el rey Layo, pierda la vida.

Sin saberlo, Edipo acaba de cumplir la primera de las profecías: ha matado a su padre.

Sin imaginar lo que hizo, Edipo continuó su peregrinar hasta llegar a Tebas. No pensaba detenerse. Necesitaba saber quiénes eran sus progenitores. Pero al llegar a la puerta de la ciudad, desde lo alto de la colina, una figura espantosa le interrumpe el paso. Es un monstruo con rostro de mujer, cuerpo, patas y cola de león, y alas como un ave de rapiña: la

Esfinge. Una criatura que, desde hacía tiempo, obligaba a los caminantes a aceptar un reto: les formulaba una adivinanza. Si el peregrino no era capaz de resolverla, lo cual ocurría siempre, el monstruo lo devoraba.

Los tebanos estaban tan asustados que, tras la muerte de Layo, decidieron conceder el trono vacante y la mano de la reina viuda a quien liberara a Tebas de la Esfinge.

Edipo la mira a los ojos. No va a permitir que lo intimide. La Esfinge, sorprendida por el valor del caminante, formula la adivinanza:

—¿Cuál es la criatura que tiene cuatro pies por la mañana, dos al mediodía y tres al anochecer y que, al contrario que otros seres, es más lento cuantos más pies utiliza para andar?

Edipo sabe que su vida está en juego. Piensa un instante, y responde.

—El hombre. Porque cuando es bebé gatea, de joven camina en dos piernas y de anciano requiere la ayuda de un bastón.

La respuesta es correcta. La Esfinge sabe que ha perdido. No tiene alternativa. Inspira y, con un grito escalofriante, se arroja desde lo alto de su roca.

Agradecido, el pueblo de Tebas recibe a Edipo con euforia y, como lo prometiera, le entrega el trono de la ciudad y la mano de la reina Yocasta.

Edipo no lo sabe, pero acaba de cumplir la segunda profecía oracular. Se ha casado con su madre.

Edipo y Yocasta tuvieron cuatro hijos: Etéocles, Polinices, Antígona e Ismene. Pero los dioses, indignados por el incesto, enviaron una terrible enfermedad que asoló la ciudad. Consultado otra vez, el oráculo dictaminó: «La desolación y la muerte se alejarán cuando el asesino de Layo sea expulsado de Tebas».

En busca de la respuesta, Edipo consultó al ciego Tiresias, el adivino, quien, al principio, se negó a responder, pero luego, amenazado de muerte, develó todo lo que sabía.

No puede creerlo. Intentando huir de la profecía, no hizo más que cumplirla. Aunque no quiera aceptarlo, es verdad. Él mató a su padre y durante años se acostó con su madre.

Está angustiado y se siente tan despreciable que no se cree digno de ver la luz del sol. Por eso, toma unos estiletes de bronce y se los clava en los ojos. Escucha los insultos a su espalda y percibe cómo sus propios hijos lo expulsan de la ciudad. Solo Antígona, la menor de ellos, lo toma del brazo y lo acompaña hasta Colona, lugar de su destierro.

Pero esa es ya otra historia.

Una pasión incestuosa

De todos los conceptos del Psicoanálisis, es posible que el complejo de Edipo sea el más difundido y, por consiguiente, el más deformado de su sentido teórico.

Una creencia muy arraigada sostiene que refiere a la atracción que existe entre un hijo y el padre del género opuesto, es decir, a la predilección de las niñas por el padre y de los varones por la madre. De igual modo, esta creencia supone que existe reciprocidad en el vínculo; una preferencia de las mamás por los hijos y los papás por las hijas e, incluso, algunos hablan del complejo de Electra como un complemento del de Edipo.

Es un error. No existe ese concepto en Psicoanálisis. Las diferencias entre un mito y otro son enormes y resultan cruciales a la hora de elaborar una noción teórica. No se trata de describir simples predilecciones afectivas, sino de develar una vivencia infantil que estructura el psiquismo y determina los motivos que llevan a un sujeto a sufrir, amar y desear como lo hace.

La sexualidad tiene un lugar primordial en la teoría psicoanalítica. Pero no se trata de cualquier sexualidad. No es, por ejemplo, la sexualidad de la biología, la sexología y mucho menos de las religiones. El analista, lejos de proponerse como alguien que tiene un juicio moral o un conocimiento sobre el tema, sostiene la imposibilidad de un saber acerca del sexo. Para el Psicoanálisis la sexualidad es, antes que nada, un enigma. El enigma de la Esfinge. El enigma del sujeto humano.

Como dijimos, no hay un instinto biológico que indique a hombres y mujeres cómo se debe actuar en relación con lo sexual. Al animal lo guía su instinto. No tiene dudas, sabe. El ser humano, en cambio, no sabe, duda.

Muy lejos de la historia de Electra, el mito de Edipo esconde en su simbología huellas que llevan a la comprensión del funcionamiento psíquico.

En la mitología griega, Electra vengó a su padre que había sido asesinado por el amante de su madre. Para ello, convenció a su hermano de que matara a ambos: a su madre y a su amante.

Electra planifica, es consciente de lo que va a hacer. La suya es una historia de rencor y venganza. Edipo, en cambio, sufre su drama de un modo inconsciente, más allá de su voluntad.

Según Freud, el «Yo» es antes que nada un yo corporal. Pero ¿de qué hablamos en Psicoanálisis cuando hablamos de cuerpo? Ciertamente, no solo de algo biológico. Por el contrario, pensamos al cuerpo como una construcción que surge del atravesamiento que la palabra y el deseo hacen sobre lo orgánico. La tinta del lenguaje escribe sobre el papel de la carne. Hablamos de un cuerpo que se constituye a partir de identificaciones y acontecimientos que ocurren en los primeros cinco o seis años de vida, lapso en que se juega el futuro psíquico de un sujeto. Es la etapa del complejo de Edipo.

Dijimos que la sexualidad humana es difícil y potencialmente traumática porque nace estimulada por aquellas personas con las que no se podrá concretar nunca: los padres. Señalamos también que son ellos quienes, con sus caricias y cuidados, erotizan al niño. Los primeros que, al bañarlo, secarlo o acariciarlo durante los juegos, producen un desprendimiento de placer que se independiza de la función biológica inicial. De esa manera, escriben en ese cuerpo infantil las marcas del deseo y la palabra.

No se trata de actitudes que se realizan conscientemente para generar angustia en los hijos. Por suerte, la mayoría de los padres no son perversos. Pero el chico no posee todavía la capacidad de discriminar, ni el dominio del lenguaje como para preguntar qué está ocurriendo. Tampoco tiene que ver con la buena o mala intención de los padres y, en verdad, ni siquiera con ellos mismos. Lo que está en juego en esta etapa no son la mamá o el papá reales, de carne y hueso, con su amor y su ternura, sino esa persona que toca, estimula, da placer y a la que no se tiene el derecho a desear. El niño incorporará en su inconsciente a estos padres y serán esas representaciones internalizadas las que, en definitiva, protagonizarán el drama edípico. El pequeño, por su parte, deberá hacer algo para resolver este dilema que lo angustia y excita al mismo tiempo.

Subrayo las palabras del doctor Nasio:

> El Edipo es una inmensa desmesura. Es un deseo sexual propio de un adulto vivido en la cabecita y el cuerpo de un niño o una niña de cuatro años que no tiene la maduración psíquica ni física para asumirlo y cuyo objeto son los padres.
>
> El Complejo de Edipo no es una historia de amor y odio entre padres e hijos. Es una historia de sexo. No involucra sentimientos tiernos u hostiles, sino que es un asunto de cuerpos, de deseos, de fantasías y de placer.

No se trata, entonces, de una historia de amor, sino de sexo, en la que el hijo competirá alternativamente con uno de sus padres por el amor del otro. Sentirá odio, amor y miedo. Se identificará con cada uno de ellos e irá buscando un lugar en esa escena. Lugar que repetirá después en cada acto de su vida.

¿Por qué es tan importante este concepto para el psicoanálisis?

Porque da cuenta de la pasión incestuosa que, de manera inconsciente, recorre a todo ser humano. Del porqué de la atracción y el miedo que genera lo prohibido. Mirar en el drama edípico es otra forma de asomarnos al vacío. Un descenso al infierno personal que, muchas veces, resulta imprescindible para desatar los nudos que nos atan al dolor. Allí se esconden nuestras peores pesadillas. Allí habitan criaturas aterradoras que tienen el rostro de los seres más amados.

Nasio sostiene que un concepto psicoanalítico solo tiene valor si responde problemas que plantea la práctica clínica, se pregunta a qué cuestiones da solución el Edipo, y se responde que a dos: el origen de la sexualidad del ser humano, y la génesis de la neurosis.

Suscribo estas palabras y agrego que, además, el drama de Edipo marca las dos grandes prohibiciones que normativizan la psiquis y permiten que un ser humano viva en la cultura: la prohibición del incesto y del parricidio.

Otra manera de decir que no todo se puede y que todo tiene un precio.

* * *

—Me dijo que quiere cortar conmigo. Que él no está dispuesto a ser mi amante —suelta Mariana ni bien se sienta frente a mí—. Creo que voy a perderlo.

—¿A quién?

—A Marcelo, ¿a quién va a ser?

—No sé... también podría ser que decidieras perder a tu esposo, ¿o no?

Me mira con rabia.

Conocí a Mariana hace cuatro años. Llegó en un estado de tristeza profunda. Había descubierto que su marido la engañaba desde hacía un tiempo con alguien a quien ella conocía.

—Cuéntame cómo estás —le pregunté al enterarme de lo sucedido.

—Dolida, avergonzada... furiosa.

—¿Cómo te enteraste de que Franco te era infiel?

Sonríe sin ganas.

—Como se entera ahora la gente de todo. Una computadora encendida, un mail que quedó abierto... y listo. Una vida destrozada.

—¿Cuál?

Pausa.

—La mía… o la de Franco.

—¿Por qué dices eso?

—Porque él también se puso muy mal. Estaba desesperado. Lloró, me pidió perdón…

—¿Y tú qué hiciste?

Baja la cabeza.

—Lo abracé. —Silencio—. ¿Qué? —me increpa—. Yo no iba a hacerle un escándalo, ni a jalarme de los pelos, ni a encerrarme a gritar en mi cuarto. No soy así.

—Me parece bien, pero de allí a consolarlo hay una gran distancia, ¿no te parece?

—¿Por qué dices eso?

—Porque la que estaba herida eras tú. Quizá no era él quien debía ser consolado.

Menea la cabeza.

—Es que tú no lo conoces. Él no está capacitado para contener a nadie.

—Y tú, en cambio, estás capacitada para contener a todo el mundo. Incluso a quien te traicionó.

—…

—¿Qué piensas?

—Que no sé si voy a poder perdonarlo.

—Mariana, no estás obligada a hacerlo.

—Ya lo sé. Pero siempre fui una buena chica.

—¿Y eso qué tiene que ver?

—Supongo que la gente buena sabe perdonar. Ya conoces el dicho. —La interrogo con la mirada—. Errar es humano y perdonar es divino.

—¡Ah, bueno! Entonces, no estás obligada a hacerlo... porque, que yo sepa, no eres Dios. ¿O sí?

Pasaron unos meses y Mariana empeoraba. Vivía angustiada, casi no comía, y había empezado a tener síntomas físicos preocupantes.

—¿Qué te dijo el médico?

—Que tengo una úlcera.

—¿Dónde? —Niega—. ¿Qué pasa?

—No quiero hablar de eso.

—¿Por qué?

—Porque me da vergüenza.

—Aquí no tienes por qué sentir vergüenza.

Asiente.

—En el intestino... o el recto...

—¿Sangras? —le pregunto.

—Sí.

El cuerpo es un territorio propicio para la aparición de síntomas. Aquello que no puede ser dicho se hace escuchar de alguna manera, y los síntomas físicos son una de ellas. En esos casos, el malestar psíquico se vuelve carne, y ese sufrimiento mudo, ese dolor apasionado, lastima lo más esencial que tenemos. Como dijimos, «el Yo es antes que nada un Yo corporal». Y en ese cuerpo cada vez más frágil, más pequeño, Mariana desplegaba su drama.

Todo síntoma tiene una doble cara. Una es silenciosa y cruel: en el síntoma se canaliza la pulsión de muerte. Atento, escondido, ese impulso destructivo acecha esperando la oportunidad de aferrarse a lo que pueda con tal de gozar. Con ese goce que no es placer, que es aún más fuerte que el dolor, se satisface ese masoquismo primario que nos recorre por el hecho de ser humanos.

La otra cara del síntoma, en cambio, intenta comunicar algo. De modo extraño, esquivo, hasta ininteligible por momentos, pero al menos lo intenta. Y el arte del analista es descifrar el jeroglífico para desanudar la angustia del cuerpo y volverla dolor a fuerza de palabras.

En este caso, era fácil deducir que Mariana sangraba en su cuerpo la herida emocional que le había producido la traición de su marido. Pero detrás del primer sentido de un síntoma, siempre hay otro, más arcaico, más doloroso que se reaviva con los hechos del presente. Y a él tenía que llegar si pretendía ayudarla.

Durante un tiempo, Mariana se debatió entre perdonar o no a su esposo. Lo amaba, pero a la vez se sentía desilusionada, lo cual no auguraba un buen pronóstico. La desilusión es el camino más directo al desamor. Dudó. Pero luego de un tiempo, decidió darle una oportunidad a su matrimonio.

—Nos vamos de viaje —me dijo sonriente unos meses después.

—¿Quiénes?

—Franco y yo, obvio.

—¿Adónde?

—A Europa. Siempre quise conocer España, Portugal… no sé… quizá tenga que ver con mis raíces.

—¿Y estás contenta?

—Sí. Los dos estamos felices. Creo que necesitamos un tiempo para reencontrarnos. —Sonrío—. ¿Qué pasa?

—Nada. Me causa gracia que tengan que ir tan lejos para reencontrarse... tengan cuidado... Sería una pena que, al llegar, después de cruzar todo el océano, se den cuenta de que allá tampoco están.

Me observa con seriedad.

—No me causa gracia.

—A mí tampoco. —Me pongo de pie—. Que tengas un lindo viaje. Nos vemos a la vuelta.

Tres semanas después volvió al consultorio.

—¿Y cómo la pasaste? —le pregunto con verdadero interés.

—Más o menos.

—¿Qué pasó?

—Tenías razón —se lamenta—. Allá tampoco estábamos. ¿Cómo lo sabías?

—Mariana, ese viaje estaba destinado al fracaso. Tú fuiste en busca de un reencuentro, es cierto, pero de un reencuentro con el pasado. Querías recuperar algo que ya no está.

—¿Qué?

—Tu confianza, tu admiración por Franco. Y eso no se reencuentra. A lo sumo, se reconstruye.

—Te juro que lo intento... pero no me sale.

—¿Y qué piensas hacer?

—No sé.

—Tienes miedo.

—No, tengo dudas. Sé que yo puedo separarme de él, pero no sé si quiero.

—¿Y Franco qué dice de todo esto?

Sonríe.

—Nada. Ni siquiera sospecha lo que me pasa. Él vive en su mundo. Cree que atravesamos la tormenta y que está todo bien. Va a jugar futbol, después cena con sus amigos… en fin… lo de siempre. Como si nada hubiera pasado.

—Pero pasó —la interrumpo— y mientras él juega futbol y come con sus amigos, tú sigues sangrando.

—Sí.

—No parece justo. Pero quién dijo que la vida es justa, ¿no?

No responde.

Pasó más de un año. Mariana parecía haber recuperado el equilibrio. Le gustaba pintar, tenía mucho talento, y estaba feliz porque le habían ofrecido hacer una exposición en un importante taller del barrio de Palermo. Aparentaba estar alegre, pero casi nunca hablaba de Franco. Era como si hubiera decidido quedarse e irse de su lado al mismo tiempo.

Una sesión me comentó que empezaría un curso de pintura con un profesor al que admiraba mucho. A la semana regresó movilizada.

—Me pasan cosas con Marcelo —dijo ni bien se acostó en el diván.

—¿Quién es Marcelo?

—Mi profesor de pintura.

—Ajá… y ¿qué tipo de cosas te pasan?

—No lo sé, pero lo siento. Y sé que a él también le pasan cosas conmigo.

—¿Te dijo algo?

—No.

—¿Entonces?

—No hace falta —responde segura—. Créeme que es así. —Hace una pausa—. Gabriel, me parece que estoy en problemas.

No le respondo, pero percibo algo nuevo en ella. Por primera vez la siento inquieta… deseante.

Mariana cursó todo un semestre de clases sin que hubiera ningún intercambio con Marcelo. Aun así, no dejaba de remarcar el trato especial que había entre ellos.

—Lo noto en su mirada —explicaba.

Hasta que un día llegó alterada.

—Marcelo me invitó a salir.

—¿Cómo fue?

—Inesperado. Hubo una reunión para brindar por el final del curso. Estábamos todos sus alumnos. Charlamos, la pasamos bien.

—¿Y?

—Bueno… a eso de las diez la gente empezó a retirarse… Teníamos que bajar de tres en tres, por el elevador.

Asiento.

—¿Y a que elegiste el último turno para irte?

—Sí. —Sonríe—. Pero te juro que fue sin querer.

—Lo imagino.

—La cuestión es que nos quedamos un rato en la vereda y, cuando se despidió de todos, me preguntó si podía subir un momento. Me dijo que se trataba de un tema importante. —Pausa—. Yo pensé que era algo con respecto a la muestra de fin de año, pero no. Cuando estuvimos en su departamento me miró y me dijo que tenía la necesidad de comprobar algo. Y así nomás, me acarició el pelo y me besó.

—¿Y tú? —le pregunto.

—Yo no sabía qué hacer.

—No me digas. Pero ¿lo besaste?

—No entiendo.

—Te estoy preguntando si participaste en ese beso.

—Sí.

—Ah, entonces sí sabías qué hacer.

—No me molestes —protesta.

—No te molesto. —Pausa—. Sigue.

—Fue un beso largo… increíble. Era como si nos hubiéramos besado siempre, no sé si me entiendes. Y en un momento me soltó, agarró la copa de vino, y después de tomar un trago me dijo que ya había comprobado lo que quería saber.

—¿Y qué era?

—Que estaba seguro de que podía enamorarse de mí.

—¿Y tú?

—No dije nada.

—No. Te estoy preguntando si tú podrías enamorarte de él. —No responde.

Luego de un breve silencio, continuó.

—Estuvimos más de dos horas besándonos, acariciándonos. Él quería hacer el amor, pero no quise.

—¿Cómo reaccionó?

—Me dijo que estaba loca. Que no se podía sentir eso y dejarlo pasar. Pero yo no estaba segura… nunca fui infiel, ¿sabes?

—Aunque tenías ganas.

—Muchas. Pero también mucho miedo.

—De todas maneras, fue la última clase. Ya no vas a volver a verlo.

—Sí voy a volver a verlo —me interrumpe—. Te dije que él me había invitado a salir. Bueno… en el momento le pedí que me diera unos días para pensarlo. Hoy le llamé y le dije que quería que nos encontráramos el miércoles de la semana próxima.

Su comentario me sorprende.

—No entiendo. Hoy es jueves… ¿por qué el miércoles de la semana próxima?

Suspira.

—Porque el martes Franco se va a un congreso en Italia por diez días.

—Y tú prefieres ver a Marcelo sin tener un horario para volver a tu casa.

—Sí.

—¿Eso quiere decir que decidiste tener sexo con él?

—Sí —responde segura—. El miércoles próximo voy a saber lo que se siente ser infiel.

Durante la ausencia de Franco, Mariana vivió una verdadera historia de amor. Estaba confundida, con una mezcla de miedo y deseo. Se sentía viva y no quería separarse de Marcelo ni un segundo. Pero un día antes del retorno de su esposo, su amante le comunicó que quería terminar con ella.

—Me dijo que quiere cortar conmigo. Que no está dispuesto a ser mi amante —suelta Mariana apenas se sienta frente a mí—. Creo que voy a perderlo.

—¿A quién?

—A Marcelo, ¿a quién va a ser?

—No sé… también podría ser que decidieras perder a tu esposo, ¿o no?

Me mira con rabia.

—¿Te das cuenta de lo que dices?

—Sí. Y tú ¿te das cuenta de lo que tienes delante?

—No sé si te entiendo.

—Mariana, hace mucho que trabajamos juntos y nunca te había visto tan conmovida...

—Y tan confundida —me interrumpe—. Y con tanto miedo...

—Exacto —señalo—. ¿Sabes por qué te pasa todo eso? Porque estás viva. Porque te alejaste de ese lugar horrible que venías habitando desde que te enteraste de la infidelidad de Franco, y por primera vez lo que te conmueve no es tu enojo, o la obligación de perdonar. Ahora te conmueve tu emoción, tu sexualidad, tu deseo. Y ya sé que tienes miedo y no estás segura de lo que debes hacer. Pero, a veces, ese es el precio que hay que pagar por estar vivo. Y me alegro de que tengas que pagarlo.

La sesión siguiente estaba muy seria.

—Franco volvió.

—Era esperable.

—Ya sé.

—¿Y?

—¿Y qué?

—¿Cómo fue el reencuentro?

Pausa.

—¿Quieres saber si tuve sexo con él?

—Cúentame lo que quieras.

—Sí —continúa—. Tuve sexo con él.

—¿Cómo te sentiste?

—Bien. Es mi esposo, no es un extraño, ni le tengo asco —se justifica.

—Bueno, la pasaste bien, entonces.

—Sí... ¿Y qué? —me increpa.

—Mariana, me hablas como si estuvieras enojada, y como yo no te hice nada, deduzco que ese enojo es con alguien más.

Se queda pensando.

—Sí, estoy enojada conmigo, con Franco, incluso con Marcelo.

—¿Por qué? ¿Qué hizo Marcelo?

—Me propuso que fuéramos amigos. ¿Te das cuenta? ¡Está loco! Yo no puedo ni quiero ser su amiga. Yo quiero estar con él.

—Sí, pero coges con Franco.

Se irrita.

—¿Y qué pretendías que hiciera? Es mi esposo.

—Mariana, no creo que hayas tenido sexo solo por eso. Asume que, a lo mejor, al verlo después de tantos días tuviste ganas de estar con él. No tiene nada de malo.

—Yo qué sé si tuve ganas o no... no sé nada, no entiendo nada.

Está asustada.

—Quizá por eso Marcelo prefiera ser tu amigo. Porque te ve confundida y no quiere salir lastimado. Es comprensible.

—Pero yo no quiero perderlo.

—Entonces, vas a tener que pensar qué hacer con tu marido, porque Marcelo dijo que no está dispuesto a ser tu amante.

—Es que no puedo dejar a Franco...

—¿Por qué?

Se hace un silencio pesado. Después de unos minutos retomo la palabra.

—Mariana, tú puedes quedarte con tu esposo o puedes jugártela por Marcelo. Es tu vida. Y es un momento muy importante que tiene algo a favor y algo en contra.

—¿Qué tiene a favor?

—Que la decisión es tuya.

Asiente.

—¿Y en contra?

—Que la decisión es tuya. —Hago una pausa—. Nadie más que tú puede sacarte de esta situación.

Finalmente, Mariana se separó de Franco. Un día, casi como quien se escapa, tomó algunas cosas y se fue a casa de su hermano. Aunque, en realidad, durmió cada noche con Marcelo.

Estaba feliz, se sentía amada y deseada. Sin embargo, la presencia de Franco era muy fuerte. La llamaba, la instaba a volver y le prometía cambiar. Ella resistía sus embates, al mismo tiempo que construía un fuerte vínculo con Marcelo.

Fueron tres meses de pasión.

Una noche, al volver de una cena, mientras reían y estaban a punto de acostarse, Mariana recibió un mensaje desgarrado de Franco. Marcelo percibió su cambio, pero no agregó nada.

A la mañana siguiente, ella le dijo que debía pasar a buscar unas cosas a casa de su hermano. Se fue y no volvió más.

Esa noche hablaron por teléfono y Mariana le confesó sus dudas, que estaba confundida, deshecha, que tenía muchos problemas y que, en ese momento, él era solo uno más de esos problemas. Habló desde el miedo, la duda y el enojo. Marcelo respondió que la entendía, le prometió no molestarla y le pidió que no volviera a llamarlo.

Fueron sesiones muy intensas. Mariana lloraba y se ahogaba en un mar de confusiones. Volvió a ver a Franco, estuvieron juntos. Una luz se abría en el camino de su matrimonio y, sin embargo, solo repetía una frase: «No quiero perder a Marcelo».

—No quiero perder a Marcelo.

—Mariana, todo tiene un precio. El precio de estar con Marcelo es que te separes, y no estás dispuesta a pagarlo. Una vez me dijiste que tú sí podías separarte de tu esposo, ¿te acuerdas?

—Sí.

—Bueno, me parece que te equivocaste. No sé por qué, pero tú no puedes separarte de Franco. —De pronto me interrumpo. Algo viene a mi mente—. Cuando ocurrió el episodio de su infidelidad me dijiste que esa noche lo abrazaste y lo consolaste porque tú no ibas a hacerle un escándalo, ni a jalarte de los pelos, ni a encerrarte a gritar en tu cuarto. ¿Te acuerdas?

—Sí. Pero ¿qué tiene que ver ahora?

—Dime, ¿quién hizo eso? ¿Quién se desgarró de ese modo y aun así no pudo separarse?

La siento angustiada.

—Mi papá —responde asombrada—. Lo había olvidado.

Hace una pausa.

—Cúentame.

—Yo tendría 5 o 6 años. Era de noche y me despertaron los gritos. Mi mamá había decidido dejarlo y él no paraba de llorar, de suplicarle que se quedara.

—¿Sabes qué sucedió?

—Sí. —Se toma un momento—. Él tenía una amante y, ese día, mi mamá lo descubrió. Fue una noche horrible. En un momento me levanté y me asomé a su cuarto.

—¿Y qué viste?

—A mi mamá… desolada, guardando unas cosas en una bolsa… y a mi papá en el piso, llorando, acunándose como un niño, golpeándose la cabeza contra el borde de la cama.

Se detiene. La dejo con su recuerdo por unos segundos antes de hablar.

—Cúentame qué sentiste en ese momento.

—Pena… vergüenza. No podía hacer nada.

—Te equivocas. Hiciste algo.

—¿Qué? —pregunta confundida.

—Tomaste una decisión. Sin saberlo, inconscientemente, decidiste que tú no ibas a pasar por esa vergüenza, que jamás ibas a llorar ni a jalarte de los pelos. Al contrario, como el infiel te daba pena, tú lo ibas a abrazar y a consolar, ¿no? Y así lo hiciste. Y es cierto, no te lastimaste la cabeza contra el borde de la cama… te lastimaste por dentro… te ulceraste, te desangraste, Mariana. —Pausa—. ¿Me equivoco si digo que tu mamá se fue con esa bolsa y después de unas semanas volvió?

—No. —Me mira con asombro—. ¿Cómo lo supiste?

Mariana no entiende cómo lo deduje. Como su analista, interpreté cuál era su drama edípico y en qué lugares había quedado improntada dentro de aquella escena infantil. Ahora, es momento de mostrarle lo que una parte de ella ya sabe desde hace tiempo.

—Lo supe porque es lo mismo que hiciste tú. Aquel suceso te marcó para siempre. Te identificaste con tu mamá y, como ella, no pudiste separarte de verdad. Solo irte por un rato. Identificaste a Franco con tu padre, y lo consolaste como te hubiera gustado consolarlo a él aquella noche. Y, al igual que él, te lastimaste… por dentro.

Como señalé, el síntoma tiene un sentido cercano y otro escondido. Este era el sentido que se ocultaba detrás del síntoma de Mariana.

Fue una sesión muy dura. La dejé llorar durante más de una hora sin hablar. Pero dio sus frutos. Al mes tomó una decisión firme. Se separó de Franco y, a pesar de sus ruegos, no volvió a caer en las asociaciones inconscientes que la empujaban a abrazarlo y a quedarse. Ya no se trataba de sus padres, sino de ella. Así lo entendió y se hizo cargo de su vida.

Cuando alquiló un departamento y se instaló, decidió llamar a Marcelo. Ahora era una mujer libre. Ya estaba lista para vivir su amor. Pero, para su sorpresa, él no quiso volver a verla. Esos meses le habían resultado muy difíciles y no estaba dispuesto a correr el riesgo otra vez. En la última charla, Mariana mostró una actitud dubitativa y le dijo cosas muy duras. Marcelo le confesó que seguía amándola con locura, pero que, a pesar de eso, no volvería con ella.

Mariana me lo contó en medio de un ataque de llanto parecido al que su padre tuvo aquella noche. Y, cada tanto, repetía la misma frase:

—No quiero perder a Marcelo.

Pero era tarde. Ya lo había perdido.

Cierto grado de duda es signo de sanidad, pero eso no implica que haya que dudar todo el tiempo. Porque así como hay un peligro en la certeza, existe también un posible exceso en la duda que resulta patológico, algo que aparece con frecuencia en casos extremos de neurosis obsesiva.

Se trata de personas que, imposibilitadas de tomar decisiones, postergan siempre lo que desean hacer. Nunca es el instante para darse un gusto, o tomar una decisión importante. Todo debe esperar a un momento más propicio; momento que, por lo general, no llega nunca. Sintomatología que recibe el nombre de *procrastinación* (tendencia a demorar o retrasar las cosas).

No era el caso de Mariana. Sus dudas fueron comprensibles. En medio del misterio de la vida, si no estamos locos, dudamos. Pero, aun así, la duda tiene un precio. Y para ella el precio fue perder a Marcelo. También él pagó un alto costo por no animarse a confiar en una mujer que, por fin, estaba dispuesta a jugarse para estar a su lado.

A veces, el precio de sostener una relación sufriente puede llevar a poner en riesgo la vida. Otras veces, dudar por mucho tiempo para tomar una decisión puede traer el costo de perder un gran amor.

A Mariana le costó mucho perdonarse por haber desperdiciado la oportunidad de estar junto a ese hombre que la había amado tanto.

Desde hace un año está sola. Ha transitado su duelo en mi diván y, aunque todavía no lo ha concluido, sé que va a lograrlo. Doy fe de su entereza. No caerá en la pasión melancólica.

Mariana cumplió su palabra y no volvió a llamar a Marcelo. Aún lo extraña, pero desde hace seis meses dejó de sangrar.

Miedo a perder(se)

Después del erotismo, el miedo es la pasión más fuerte que recorre al ser humano. Toda disciplina que intente comprender las conductas humanas debe tenerlo en cuenta. Por eso, tanto los antiguos filósofos como los médicos actuales han dedicado gran parte de su esfuerzo en develar cómo funciona el miedo, esa vivencia tan particular que ya aparece en el comienzo de los tiempos.

Luego de que Adán y Eva comieran del fruto prohibido, La Biblia dice:

> Entonces fueron abiertos los ojos de ambos y conocieron que estaban desnudos; y cosieron hojas de higuera, y se hicieron delantales. Y oyeron al Señor Dios que se paseaba en el huerto al fresco del día; y el hombre y su mujer se escondieron de la presencia del Señor entre los árboles del huerto. Y el Señor Dios llamó al hombre, y le dijo: ¿Dónde estás? Y él respondió: Te oí en el huerto, y tuve miedo porque estaba desnudo, y me escondí.

Leyendo el Génesis podemos deducir que la primera pasión del ser humano tuvo origen en el sexo, luego en la curiosidad y después en el miedo. Miedo a la autoridad.

El filósofo inglés Thomas Hobbes nació en abril de 1588, justo cuando España estaba a punto de invadir Gran Bretaña. La fuerza de aquella flota era tan grande y destructiva que la denominaron «La Armada Invencible». Como sabemos, no resultó tan invencible después de todo. Sin embargo, en las vísperas de la batalla, los teólogos, convencidos de que se acercaba el fin del mundo, no dudaron en sostener que España era el Anticristo.

En medio de semejante situación, la madre de Hobbes tuvo un parto prematuro. Al respecto, el filósofo escribió: «Mi madre tenía tal miedo que dio a luz a gemelos: a mí, y, conmigo, al miedo».

La infancia tiene una enorme incidencia sobre nuestro futuro. Por eso, no extraña que Hobbes haya sido un apasionado del miedo. Según él: «El origen de las ciudades grandes y duraderas no se ha debido a la mutua benevolencia de los hombres, sino al miedo mutuo».

Hobbes deduce algo que el Psicoanálisis comparte: el sujeto humano no es un ser natural, sino social. De allí que, mientras que en la naturaleza lo que pertenece a alguien puede ser arrebatado por otro de mayor potencia o astucia —un león robando la presa a una hiena—, la sociedad permite que una persona pueda reclamar un bien que le ha sido quitado por la fuerza. Es decir que, para Hobbes, las sociedades surgen a partir de un contrato social que obliga a que todos sus miembros se sometan a un poder superior a ellos. A partir de ese contrato, ya no deben tener miedo a su semejante. En cambio, nace un miedo diferente: el miedo a la autoridad. El Estado es ahora ese dios que nos dice qué está bien y qué está mal.

La ley nos protege y atempera la sensación de estar en peligro. Sin embargo, como sabemos, todo tiene un precio. El costo que la autoridad cobra por esa protección es el sometimiento a su dominio. Es decir, que el propio Estado es capaz de generar miedos para dominarnos.

El miedo ha sido siempre un arma para ejercer el sometimiento. Cierta vez, en un programa radiofónico, el guionista y director Orson Welles transmitió en vivo una supuesta invasión de marcianos a Nueva York. La gente reaccionó con desesperación, se lanzó a las calles, se refugió en los subterráneos y suplicó al Ejército de los Estados Unidos que hiciera algo para protegerlos. El terror se había apoderado de ellos y la ciudad era un desierto.

De ese modo se manejan desde el poder nuestras conductas y emociones. Así de sugestionable es el ser humano. Algo por tener en cuenta a la hora de escuchar radio, mirar televisión, o leer un diario.

Recuerdo que, cuando era adolescente, la dictadura militar argentina se apropió de un eslogan de la época tendiente a evitar la contaminación sonora y rodeó el obelisco de Buenos Aires con una frase: «El silencio es salud». De esa manera imponía una amenaza que, con un mensaje subliminal, pretendía generar un silencio cómplice a través de la obediencia y el miedo.

Ana Prieto es una periodista argentina que, años después de sufrir de ataques de pánico, escribió un libro muy interesante llamado *Pánico: diez minutos con la muerte*, título que revela el infierno que atraviesa quien padece esa enfermedad.

El término *panic attack* se ha vuelto tan masivo que muchas personas sostienen, de modo equivocado, haber atravesado un episodio así. En realidad, se trata de una crisis de ansiedad. Hemos dicho que la psiquis tolera hasta un determinado monto de tensión, después del cual aparece una sensación de profundo displacer. El ataque de pánico es una de las posibles consecuencias de ese aumento desmesurado de excitación psíquica.

Por lo general no son episodios muy prolongados, aunque algunas situaciones pueden extenderlos. Por ejemplo, si la crisis se desencadena en una autopista, el sujeto sabe que no podrá escapar de allí hasta la próxima salida que, en algunos casos, está a muchos kilómetros de distancia. Entonces, siente que no tiene forma de huir y esa circunstancia hace que el padecimiento se prolongue un poco más.

El ataque de pánico suele aparecer de modo repentino e inesperado. De pronto, sin que medie una razón aparente, la persona entra en un estado que no puede manejar y experimenta una serie de síntomas, tanto físicos como psíquicos.

Dentro de los primeros minutos, es común la aparición de taquicardia, aumento en la sudoración, falta de aire, opresión en la garganta, parestesia —cosquilleo en el cuerpo—, sensación de baja presión y pérdida del conocimiento. Pero, para diagnosticar que estamos ante un verdadero episodio de ataque de pánico, son fundamentales los síntomas psicológicos: la sensación de muerte inminente o el miedo a la despersonalización. Es decir que, cuando en verdad estamos frente a un caso de *panic attack*, encontraremos que la persona tiene la idea irrefrenable de que va a morir o que se volverá loca.

Es una experiencia tan tremenda que, una vez que se ha pasado por ella, el miedo más grande es que esa experiencia se repita. Es decir, el miedo al miedo.

Se trata de un cuadro que genera un sufrimiento desmesurado en el paciente y, por lo general, requiere un tratamiento interdisciplinario, un trabajo conjunto de terapia psicológica y medicación psiquiátrica.

* * *

Como suele ocurrir con muchos personajes, los mitos no se ponen de acuerdo a la hora de establecer el origen de Pan. En este caso hay 19 versiones diferentes, aunque dos son las más aceptadas.

Según una de ellas, Pan es hijo de Hermes y de una ninfa —hija de Dríope—. Al parecer, el rechazo que la madre sintió al ver al hijo que había dado a luz fue tremendo. No podía entender cómo de ella había surgido ese bebé de cara barbuda y expresión bestial. El niño tenía el mentón saliente, estaba lleno de arrugas y su cuerpo cubierto de un vello espeso. Además, dos cuernos le adornaban la frente y las piernas eran las de un macho cabrío. Como si esto fuera poco, sus pies terminaban en unas desagradables pezuñas.

La ninfa no quiso saber nada de él, pero su padre, Hermes, lo envolvió en una piel de liebre y lo llevó al Olimpo. Una vez allí, mostró a su hijo a los demás dioses, y todos se regocijaron al verlo. No era común que los habitantes olímpicos acordaran de ese modo, por lo cual decidieron llamarlo Pan, porque el chico había alegrado a «todos». Se sabe que, en griego, la palabra *pan* significa «todo».

Otra versión sostiene que, en verdad, se trataba de un hijo de Penélope. Al parecer, la famosa esposa de Odiseo —el Ulises romano— no había sido fiel a su esposo en los veinte años de su ausencia. Es más, algunos sostienen que se había entregado a «todos» los hombres que quisieron acostarse con ella y que Pan era el producto de esos encuentros. Sea como fuere, hay acuerdo en que Dioniso fue el dios que más se encariñó con él y que lo tomó como compañero en sus locas aventuras.

Con el tiempo, Pan se convirtió en dios de los pastores y los rebaños. Se cuenta que, por su anatomía, tenía una gran agilidad, virtud que utilizaba para perseguir a las ninfas por el bosque, quienes huían desesperadas al ver aparecer su desagradable figura entre los árboles. También los humanos le temían, y ante su presencia escapaban generando grandes estampidas. Pero Pan era astuto, llegaba en silencio, cuando nadie lo esperaba, para liberar sus insaciables deseos sexuales. De allí que se le considerara también como el dios de la fertilidad y la sexualidad masculina. Como vemos, compartía muchas características con Dioniso.

Los atributos de Pan son la siringa (la famosa flauta de Pan), el típico bastón que usan los pastores y una corona de pino.

Panikon era el término utilizado para referirse al terror inesperado que causaba Pan con su presencia, y muchos sostienen que de allí proviene la palabra *pánico* con la que describimos ese miedo repentino y desmesurado que a veces nos invade.

Después de haber descrito el horror inmanejable que generaba la llegada del lascivo semidiós, queda claro que no toda situación de miedo es un ataque de pánico.

La palabra *miedo* proviene del latín *metus*, de donde derivan algunas palabras tales como meticuloso, medroso, o amedrentar. Los griegos, en cambio, encontraban su origen en Deimos, un hijo de Ares, el dios de la guerra.

Según cuentan los mitos, Deimos tenía un hermano gemelo con quien jalaba el carruaje de su padre. Su nombre era Fobos, de donde deriva la palabra *fobia*. Aunque Homero no encuentra en el hijo de Ares la personificación del miedo, sino de la huida. Un detalle que resulta muy interesante, dado que la huida es la característica principal de los pacientes fóbicos.

No es lo mismo una fobia que un ataque de pánico. El paciente fóbico huye de algún objeto o situación que siente amenazante. El panicoso, en cambio, entra en crisis a partir de un aumento descontrolado de la ansiedad. En el ataque de pánico no se trata de un miedo a algo externo; el peligro es interno y amenaza la integridad del sujeto.

La fobia, en cambio, es uno de los cuadros posibles en las afecciones neuróticas y, como toda neurosis, la resultante de una manera equivocada de defenderse frente a un hecho traumático.

* * *

Darío tiene 5 años. Esa noche se durmió enseguida, después de comer. De pronto, en la oscuridad, algo lo despierta. Unos ruidos extraños vienen del cuarto de su papá y su mamá. Aprieta los ojos y escucha a su madre quejarse mientras una voz masculina la obliga a obedecer. Ella solloza y acata, pero el hombre no cede. Por el contrario, suena cada vez más exigente y eleva su tono.

Darío quiere intervenir en defensa de la mujer, pero no puede. Un miedo atroz lo paraliza. Está angustiado y no consigue moverse. La oscuridad le resulta densa y amenazante. Odia esa oscuridad y odia esa puerta cerrada. Mientras tanto, los gritos de su madre se hacen más fuertes, hasta que, al llegar al límite del dolor que puede soportar, estalla en un alarido.

En su cuarto, presa de un estado de angustia desbordado, Darío ahoga su llanto y sufre.

Esta es la escena traumática que Darío y yo pudimos reconstruir muchos años después en análisis. Juntos llegamos a la conclusión de que, en realidad, su mamá no estaba siendo atacada, sino teniendo sexo. Aquella voz que recordaba perversa y agresiva, era la de su padre que le pedía cosas que, por su edad, Darío no podía comprender. Los quejidos eran jadeos placenteros de la madre, y el grito que escuchó al final, daba cuenta del momento del orgasmo de la mujer.

En su mente de 5 años, Darío se defendió de esa situación que no comprendía. Aquella noche, su tensión psíquica llegó a un punto que no pudo manejar. Entonces, reprimió la escena sexual que ocurría a metros de él, la «olvidó», y trasladó la angustia que sentía a la oscuridad y a la puerta cerrada.

Por eso, al llegar al consultorio, 25 años después del hecho, padecía de una fobia que no le permitía estar en sitios oscuros, ni dormir si no dejaba la puerta abierta.

La fobia es una enfermedad muy sufriente, sin embargo, brinda una salida que a pesar de su precio tan alto resulta exitosa. Porque, mientras las otras formas de la neurosis (histeria y neurosis obsesiva) dejan la angustia dentro del sujeto, ya sea en su cuerpo o sus pensamientos, la fobia, en cambio, la transforma en miedo y la proyecta hacia algo externo. La ventaja es que, de un peligro exterior, se puede huir. Darío, por ejemplo, lo hacía durmiendo con la luz encendida y la puerta abierta.

Volviendo al libro de Ana Prieto, este comienza con una frase de Joseph Conrad:

> Un hombre puede matar lo que hay en su interior: el amor, el odio, sus creencias, incluso sus dudas. Pero mientras se aferre a la vida, no podrá destruir el miedo.

Una frase perturbadora.

Sin embargo, a pesar de las connotaciones desagradables que suele generar, hay que decir que el miedo, en sí mismo, no es algo negativo. Hay quienes, haciendo alarde de una supuesta valentía, niegan esta realidad y sostienen que no hay que tener miedo a nada. Se equivocan. El miedo está allí para cuidarnos, para protegernos, para poner en movimiento nuestros mecanismos de defensa, para alertarnos de que estamos ante la posibilidad de un peligro y debemos prepararnos para enfrentarlo.

Imaginemos que caminamos por una calle y al pasar frente a una casa escuchamos una discusión y luego una serie de disparos. Seguramente, el miedo nos llevará a cambiar de acera y huir de inmediato de ese lugar para evitar ponernos en riesgo. En situaciones como esas, no escuchar al miedo es un error que puede costar muy caro.

El problema surge cuando el miedo, lejos de prevenirnos de un peligro real, nos paraliza. Por ejemplo, el caso de alguien que se niega a enamorarse por temor a sufrir o de quien no se anima a iniciar una carrera ante la posibilidad de no recibirse. En circunstancias como esas, el miedo se vuelve patológico y la vida queda detenida en un mundo de deseos que no avanzan ni pueden transformarse en proyectos porque el miedo los frena mucho antes.

Es importante, entonces, diferenciar si estamos ante un miedo sano o enfermo, porque sobre estos últimos debemos trabajar.

Para resolver los miedos patológicos hay que analizarse y para analizarse hay que ser valiente. Quien comienza a recorrer el camino del análisis tiene que saber que va a toparse con muchas muertes, muchas pérdidas, y que deberá pasar por lugares en donde habitan sus desengaños, sus mandatos, los sueños que no fueron, la infancia que no está, los seres amados y perdidos, es decir, todas las muertes que lleva consigo.

En síntesis, el primer miedo que debe enfrentar quien se acuesta en el diván, es el miedo a transitar ese territorio lleno de fantasmas y de ausencias. Ausencias que se harán más presentes que nunca a medida que avance en el camino del análisis.

En cambio, al miedo sano hay que dejarlo allí, como guardián de nuestra seguridad. Pensemos que si no hubiéramos enfrentado el miedo, todavía estaríamos gateando. Aunque el bebé, para gatear, ya tuvo que afrontar un desafío.

Para el ser humano, es inevitable aceptar algunos retos. Es más, es algo que debe hacer todo el tiempo, porque de eso se trata la aventura de vivir. Como dijo Conrad, mientras se esté vivo «no se puede destruir el miedo».

Existe el miedo porque existe la muerte.

La muerte en cualquiera de sus formas. La muerte de la niñez, de la inocencia, de un ser querido o de una ilusión. Porque, en definitiva, todo miedo, es miedo a perder algo importante.

Sin embargo, Freud habló de algunos casos que parecieran contradecir esta idea. Los llamó «los que fracasan cuando triunfan». Personas que, por el contrario, temen ganar y, por eso, boicotean sus proyectos y destruyen sus logros. Parece asombroso y cabe preguntarse por qué alguien podría hacer eso. Los años de experiencia me han dado la respuesta. Esto ocurre porque, para ser feliz, hay que sentir que se tiene derecho a serlo.

Aquí es donde entran en juego los mandatos. Esas frases, órdenes o consejos que alguien significativo para nosotros pronunció cuando éramos chicos y que ahora, como una voz inconsciente, nos empujan a poder algunas cosas y no poder otras.

Así como el miedo, tampoco todos los mandatos son siempre negativos. Cuando nos murmuran que nos pongamos de pie y nos sacudamos el polvo para seguir caminando, son propiciadores y nos ayudan a vivir. En cambio, cuando esas frases generan la sensación de que no merecemos ser felices, hay que ir a buscar dónde se originaron, dónde están alojadas, dejar de quejarse, y resolverlas. Para eso hay que entregarse a la pasión de hacerse cargo de uno mismo. Porque, más allá del momento en que se haya originado ese mandato, y quién lo haya formulado, hoy nos pertenece y la batalla debe librarse dentro de nosotros.

Cierta vez le dije a una paciente que maltrataba a su madre por las cosas que le había dicho durante su infancia que, mientras se peleara con ella, no resolvería su conflicto. En cambio, si luchaba con esas frases que la recorrían y lograba liberarse de esa atadura inconsciente, no solo iba a liberarse del mandato, sino que también desaparecería el enojo y podría construir un vínculo más sano con ella.

Entonces, si miramos bien, también en los que fracasan al triunfar se pone en juego un miedo: el miedo a una pérdida. La pérdida de la relación que se tiene con ciertos mandatos. Mandatos que, en este caso, dicen, por ejemplo: «nunca vas a llegar a nada», «eres un perdedor», «vas a fracasar» o «tú haces todo mal».

Las personas recorridas por estos mandatos, los que fracasan al triunfar, sienten que no tienen derecho a disfrutar de sus logros e, inconscientemente, se encargan de arruinarlo todo. Renuncian a una pareja, un trabajo, una carrera o una pasión, por temor a romper el lazo que los une a esos mandatos que indican que tienen que sufrir. ¿Por qué? Porque en esos mandatos subsisten las voces de sus amores infantiles. Otra vez Edipo.

Volviendo al tema del miedo, como señaló Spinoza: «Todo lo que es tiende a perseverar en su ser». Es decir que el único miedo verdadero es el miedo a la muerte, a dejar de ser, a perderse. Las demás cosas a las que tememos no son más que una proyección, un disfraz, del gran y enorme miedo que recorre a todo ser humano: el miedo a morir.

¿Cuál es, entonces, el miedo que anida en la muerte?

La rima LXXII de Gustavo Adolfo Bécquer sugiere una respuesta: «Dios mío, qué solos se quedan los muertos». Tal vez esa sea la profecía aterradora que tanto nos angustia: la soledad. Porque tal como señala la frase de Cynthia Wila: «A los muertos ya nadie los abraza».

El miedo a la muerte es también miedo a la soledad. A ese tiempo inextinguible en que nadie podrá acompañarnos.

ENTONCES

Una noble emoción

Adolfo Bioy Casares corta el teléfono y sale a la calle. Está confundido. Todavía le cuesta aceptar que su amigo ha muerto. Por eso necesita pisar la vereda y constatar cómo es Buenos Aires sin Borges. Camina sin rumbo y comprueba que esas calles ya no son las de antes. Deambula un largo rato hasta regresar a su casa. Entra, se deja caer en el sillón y llora ante la certeza de que esa muerte le ha robado mucho más de lo que parece. Sabe que no ha perdido solo a un amigo. Ha perdido, además, las charlas, el pensamiento y el humor compartidos e incluso una ciudad que, a partir de ese momento, ya no volverá a ser la misma.

Tiempo atrás, al ser consultado acerca de cuál era el rasgo diferencial del argentino, Borges había respondido que no encontraba ninguno, excepto el culto por la amistad. Un culto que ellos dos habían profesado durante años.

La amistad es una forma particular del amor, y el hecho de que no haya un compromiso sexual explícito no debe confundirnos: la amistad es un vínculo muy erotizado. Solo que ese erotismo ha sido sublimado, es decir, desviado de su satisfacción directa, la concreción sexual, para transformarse en algo diferente: en lealtad, ternura o compañerismo.

En una entrevista, Atahualpa Yupanqui, cantautor y guitarrista argentino, contó que, cuando tenía 7 u 8 años, estaba sentado en una ronda de paisanos y, en un momento, uno de ellos interrogó a otro:

—¿Qué es un amigo pa' usted, don Justino?

Y Justino Leiva, el hombre del bigote gris teñido de marrón por el tabaco, dio una respuesta que hizo que todos rieran. Yupanqui, no sin algo de vergüenza, reconoce haber sonreído también. Pero años después comprendió que con sus propias palabras el hombre había dicho «cosas con tercera dimensión».

—Un amigo... —dijo Leiva interrumpiéndose para pensar y dar algunas fumadas—, un amigo es uno mismo con otro cuero.

Atahualpa mira al periodista y concluye: uno mismo con otra piel, eso es un amigo.

Como es sabido, en Paraguay, el sur de Brasil y el norte de Argentina, vivieron los indios guaraníes, un pueblo de guerreros valientes que combatieron al español con el mismo valor con el que años después los paraguayos librarían la guerra de la Triple Alianza, guerra de la triple infamia, esa mancha fatal de nuestra historia.

Lo cierto es que la lengua guaraní subsiste y todavía es hablada por muchos. La palabra que utilizan para referirse a la amistad es *angirú*, término compuesto por «anga», que significa alma, e «irú», que significa compañero.

Amigo. Compañero del alma. Uno mismo en otra piel.

Un paso inevitable

El duelo es un proceso que debe atravesar todo aquel que haya perdido algo que amaba.

Cierta vez, durante una conferencia, alguien me comentó que nunca había sufrido ante una pérdida, y me preguntó por qué le ocurría eso. Le respondí que era posible que el tema no fuera como ella lo creía.

No percibir las emociones no implica que no estén. La emoción es una cantidad de energía psíquica que, una vez generada, debe encontrar una vía para descargarse. Lo esperable es que la persona llore, ría, se enoje o se entristezca. Pero hay casos, como aquel de la consulta, en los que esto no sucede. En esas circunstancias hay que estar atentos, porque la descarga afectiva puede darse de manera sintomática.

Existe un cuadro clínico llamado *alexitimia*, que refiere a los pacientes que no son capaces de identificar y expresar sus emociones. Se ha comprobado que quienes sufren de alexitimia tienen más posibilidades de desarrollar enfermedades psicosomáticas, entre otras cosas.

Hay varias razones por las que una emoción puede no ser percibida. Quizá se ha desplazado hacia el cuerpo, o puede haber tomado la forma del desdén, por ejemplo. Así, una persona desaprensiva, paga un precio por no manifestar sus sentimientos: pierde el deseo y la conexión con la vida.

Vivir es una experiencia difícil y es muy extraño que alguien la haya recorrido sin que algo le produjera dolor. Al llegar al mundo ya pasamos por el trauma del nacimiento, luego el abandono del cuarto de los padres y más tarde el destete. De modo tal que no existe alguien, sin importar su edad, que no haya enfrentado un quebranto y, al cerrar un capítulo, es indispensable realizar un duelo. Si no hay un duelo, es porque la persona tiene una imposibilidad para aceptar, transitar y resolver sus pérdidas. Entonces, le resulta más fácil negarlas. Pero que algo se niegue no implica que deje de doler. Solo que el dolor no estará asociado a esa pérdida sino a cualquier otra situación o, como hemos dicho, a inhibiciones o síntomas psíquicos o físicos.

¿Por qué alguien puede presentar una dificultad para registrar sus emociones?

La psiquis se desarrolla a partir de la identificación con rasgos de la familia de origen. Si en ella no era común la manifestación de afecto, es posible que se haya aprendido a vivir de esa manera y el gesto desaprensivo sea parte de la personalidad. Todos tenemos una historia y, en esos casos, es factible que lo acontecido en la infancia haya llevado a esa persona a acorazarse. Será, entonces, alguien que no podrá amar, porque a amar se aprende. Y pagará un alto precio por esto.

El duelo es un recorrido largo y sufriente que demanda tiempo y esfuerzo, y está signado por momentos diferentes.

En el libro *Sobre duelos, enlutados y duelistas*, sus autores, Martín Smud y Eduardo Bernasconi, marcan las posiciones que encarna quien lleva adelante un trabajo de duelo y las sensaciones que lo recorren.

Básicamente diferencian dos estados, dos posicionamientos subjetivos bien distintos: el enlutado y el duelista.

El enlutado es ese ser que se ve sorprendido por la pérdida y es tomado por el duelo. Es un caminante confundido que recorre el mundo de la mano del objeto amado.

Dijimos que todo lo que amamos tiene una doble existencia, una en la realidad externa y otra dentro de nosotros. Señalamos también que quien se va deja de estar afuera, pero permanece en nuestra psiquis como una representación que se impone con tal fuerza que angustia. Por eso el enlutado sufre tanto, porque en realidad lo perdido sigue vivo dentro y con más presencia que nunca. Desde el punto de vista psicológico, entonces, podríamos decir que la persona no está muerta, apenas si está ausente.

El psicoanalista Jean Allouch, en su libro *Erótica del duelo en tiempos de la muerte seca*, propone un término para describir el lugar que tiene en esta etapa la persona que se ha ido: *desaparecido*.

Dada la potencia y la connotación que esa palabra tiene en los argentinos y en el resto de Latinoamérica, no podemos utilizarla, aunque es exacta para explicar ese momento borroso en que el otro no está, aunque esté en nosotros. Por eso, preferimos hablar de ese otro como un *desfalleciente*.

Por todo esto, los primeros pasos del duelo se dan acompañados por un dolor intenso y una enorme confusión. Es una experiencia compleja, pero entendible. Después de todo, el duelo nos empuja a un vacío de sentido y nos obliga a mirar el abismo. Parado frente a ese abismo, el enlutado se transforma en un peregrino que deambula por un mundo extraño sin hallar un lugar en el cual detenerse, invadido por sensaciones que no puede manejar. Es Adolfo Bioy Casares caminando por una Buenos Aires nueva y desconocida.

Primero aparece la extrañeza, luego la incredulidad. Es el momento del «no puedo creerlo». Es la etapa en la que se libra la batalla entre la realidad externa y la realidad psíquica, entre la pérdida y el deseo. Momento en que se enfrenta lo que Freud llamó *juicio de realidad*. El mundo exterior nos demuestra todo el tiempo que lo amado ya no está y que debemos optar entre esta prueba de ausencia que nos da la vida o el deseo de conservar presente a ese objeto amado.

El enlutado se anima a pelear contra la realidad porque sabe que de lo que se trata es de la verdad. Reconoce que el otro no está más, pero lo sostiene con vida en su mente, aunque en el discurso lo diga de otra forma: «está en el cielo». Ese cielo no es más que nuestra psiquis.

En esa lucha denodada pueden aparecer algunos trastornos de la percepción que cuestionan la realidad objetiva, muchas veces con éxito. Porque a la hora de la puesta en juego del deseo, la realidad no convence a nadie. Es Laodamía desprendiéndose de su padre para arrojarse al fuego *abrazada* a una estatua a la que cree su amor, hasta morir abrasada por ese amor. Es el delirio de Juana que besa el cadáver putrefacto de Felipe esperando que despierte del sueño de la muerte.

Es, tal vez, el instante más peligroso del duelo. En esta etapa, el amante solitario camina por un mundo al que no le encuentra sentido, y es posible que se desencadenen episodios psicóticos, estados depresivos e, incluso, que haya riesgos de enfermedad física o accidentes.

Más tarde, si el enlutado ha resistido la batalla, aparece la tristeza demostrando que se pudo aceptar la pérdida, y un dolor intenso será el compañero inseparable por mucho tiempo.

Por último, llega el momento final: lo que se ha ido afuera debe morir también adentro. En definitiva, el duelo es ese espacio que va entre una muerte y otra. Un proceso que termina cuando el duelista es capaz de dar el paso hacia esa segunda muerte, para lo cual debe ceder una parte de sí mismo. Es la escena final de *Ghost*. Es Molly soltando la mano de Sam a pesar de saber que se llevará algo de ella. Es Ariadna dejando ir a Teseo para poder encontrar, tiempo después, la felicidad junto a Dioniso.

Allí cae el enlutado y aparece el duelista. Alguien que está de pie, dispuesto a ceder una parte de sí para dar término al duelo.

Soltar

Hace un tiempo, en una entrevista, me comentaron que la palabra más elegida por la gente a la hora de hacerse un tatuaje era *soltar*. Podríamos preguntarnos por qué.

Soltar significa dejar ir, es decir, duelar. Como ya señalamos, el duelo requiere un tiempo y no podemos soltar en cualquier momento. Es necesario respetar ese tiempo y darle lugar al dolor hasta que pueda procesarse de modo sano.

La gente tiende a huir del dolor y por eso nos incitan a soltar cuanto antes para que dejemos de sufrir. Pero cada quien sabe la importancia de lo que ha perdido y tiene derecho a transitar el duelo a su manera.

Sin embargo, es cierto que, en muchas ocasiones, hay personas que se aferran a lo que ya no está o a una ilusión que no pudo ser de manera casi patológica, alimentando esa parte que disfruta con el dolor. Es decir, satisfaciendo a la pulsión de muerte, como quien, tras haber perdido un amor, relee los *e-mails*, mira las fotos, o escucha música y llora «gozosamente» en penumbras.

Ese impulso masoquista vive en todo sujeto y hay que reconocerlo para poder hacerle frente. El ser humano está en una constante lucha entre su pulsión de vida y su pulsión de muerte; entre esa energía libidinal que lo lleva a desear, a enamorarse, a estudiar, a componer canciones, a trabajar, a inscribirse en un concurso, a todo aquello que lo liga a la vida, y esa otra energía que lo aísla, que lo deja solo, que se satisface en sombras y lo encierra en pensamientos que lastiman.

Nietzsche sostuvo que, al mirar mucho tiempo un abismo, más tarde o más temprano es el abismo el que nos mira a nosotros. Una clara metáfora del efecto que provoca la pulsión de muerte.

Cuando nos asomamos a un vacío, a ese vértigo que nos interpela, ¿acaso no tenemos la sensación de que a una parte de nosotros le gustaría saltar? ¿Como si algo nos dijera: «vamos, suéltate»?

Ese es el susurro de la pulsión de muerte que nos habita, el empuje hacia la destrucción, la búsqueda desesperada de la nada, el impulso de ir hacia la pérdida de uno mismo.

La mayoría sabe que no va a hacerlo. El suicida, en cambio, lo hace. Hay un momento en que lo vence la pulsión de muerte y se suelta, como Annie en *Más allá de los sueños*.

Pero no es necesario llegar a la altura para encontrar el vacío. Ese abismo aparece también cuando, por ejemplo, no podemos dejar una relación amorosa que terminó. Es el abismo de Sarah, de Selemno y de Juana, La Loca. La oscura pasión de la melancolía.

Los adivinos

En estas páginas, hemos hecho referencia más de una vez a los dictámenes oraculares.

El oráculo era un lugar sagrado, un templo al que acudían muchos intentando conocer su futuro. Sin embargo, no era algo tan sencillo de hacer como ahora. No se trataba de un juego, ni de una simple tirada de cartas. Requería mucho valor ir hasta allí y enfrentar a las pitonisas, las sacerdotisas que hablaban en nombre del dios y pronunciaban sus designios. Además, en aquella época, esas profecías se tomaban muy en serio.

El más famoso de los oráculos griegos era el de Delfos. Un santuario dedicado al dios Apolo que se encontraba al pie del monte Parnaso. En muchos mitos clásicos, este oráculo tiene un papel protagónico, como, por ejemplo, en la historia de Edipo. Un papel que anticipa y a la vez provoca la tragedia. Si Edipo no lo hubiera consultado, no habría huido de Corinto, no se hubiera cruzado con su padre Layo en el camino, ni hubiera causado su muerte. Por ende, tampoco se hubiera acostado con Yocasta, su madre. En definitiva, hubiera evitado arrancarse los ojos y ser condenado al exilio.

Las palabras de la pitonisa fueron tan oscuras que Edipo creyó que hablaba de la ciudad de Corinto y no de Tebas, la de sus padres adoptivos, Polibio y Peribea, y no la de Layo y Yocasta.

Todos llevamos dentro un oráculo que intenta marcar nuestro destino: los mandatos. A veces, inconscientemente, escuchamos sus consejos y nos dirigimos hacia el dolor y el fracaso. A eso se le llama *profecía autocumplida*.

Las profecías oraculares son confusas y admiten más de una interpretación. Los mandatos también.

Por lo general, cuando se plantean opciones dudosas, toda persona está obligada a elegir. Los optimistas eligen las opciones que los favorecen. Los pesimistas, en cambio, toman partido por las peores.

Va una pequeña historia para ilustrar esto.

Al este del mar Egeo se encuentra la tierra de Lidia. En el año 568 a.C., su trono fue ocupado por Creso, quien llegó cargando una oscura profecía que vaticinaba que la quinta generación de los Mermnadas, la suya, sería la última.

Cuando llevaba en el trono 15 años, algo lo inquietó. Los persas, guiados por Ciro, acechaban su país. Dispuesto a defenderlo, Creso tomó una decisión osada: adelantarse y avanzar contra el ejército enemigo. Pero antes, buscando certezas, quiso consultar al oráculo de Delfos, el mismo que consultaran

Layo y Edipo, el mismo que había vaticinado que él sería el último gobernante de su dinastía, y le preguntó qué resultado debía esperar de la batalla. El oráculo respondió: «Si haces la guerra a Ciro, un gran imperio se destruirá».

Entusiasmado ante el dictamen, Creso ordenó a su ejército que arremetiera contra el adversario. Sin embargo, el primer choque fue muy duro y terminó sin ventajas para ninguno de los bandos. Al comprobar la enorme fuerza de su oponente, Creso optó por retroceder y esperar la llegada de Ciro. Y Ciro llegó. Luego de un asedio de 14 días, los persas penetraron las defensas e invadieron la ciudad.

Para festejar su victoria, Ciro mandó construir una pira y, en ofrenda a sus dioses, arrojó a Creso a las llamas.

Mientras ardía, el rey de Lidia invocó el nombre de Solón, quien le había recomendado que fuera prudente. Al escucharlo, Ciro quiso saber quién era Solón y mandó sacar a su prisionero del fuego. Creso aprovechó la oportunidad y utilizó el conocimiento que tenía acerca de los países vecinos para dar datos que permitieron a Ciro invadirlos sin inconvenientes. De esa manera logró salvar su vida.

Tal cual se lo había predicho el oráculo, después de la batalla un gran imperio cayó, el suyo, y él, quinto rey de la dinastía de los Mermnadas, fue el último y terminó sus días como esclavo de los persas.

El optimismo de Creso lo llevó a equivocarse. Eligió la más conveniente de las opciones, aunque no fuera la cierta.

Al igual que la interpretación romántica de la palabra *melancolía*, también el optimismo goza de buena prensa. Sin embargo, el optimismo y el pesimismo son dos caras de un mismo error. Creer que todo va a salir siempre bien es tan absurdo como creer que saldrá siempre mal. En la vida, las cosas a veces salen como queremos y otras no. Lo más saludable es ser realista. No cometer el error de Creso. No permitir que el deseo nos obnubile como para forzar cada señal a nuestro favor, pero tampoco que la pulsión de muerte nos empuje a encontrar el desengaño ante cada encrucijada.

Podríamos decir que, de algún modo, el melancólico es un optimista que piensa que el amado ausente volverá, o un pesimista que acepta que eso no va a ocurrir y tiene la certeza de que nunca aparecerá quien pueda atenuar el vacío. Ambas posturas lo llevan al aislamiento y al dolor.

Creer en los oráculos es, en definitiva, creer en el determinismo. Es pensar que el destino está escrito y que caminamos con las manos atadas sin posibilidad de cambiar lo inevitable. Es también una manera velada de creer en Dios. Una forma de desear que el universo tenga una lógica, un orden y un sentido. Un modo de buscar algo que nos proteja de la muerte inevitable que nos espera.

Heráclito sostuvo que la vida es *grifos*, es decir, enigma. Un enigma que nos invita a avanzar, a correr riesgos, a jugar nuestros deseos sin certezas. En definitiva, a vivir.

Ese es el desafío. Aceptar que habitamos un mundo incierto y, atraídos por el misterio, trabajar, estudiar, construir sueños o apostar al amor aun sabiendo que, en las cuestiones del corazón, jamás habrá garantías.

El vacío

En su libro *Pensar la muerte*, Vladimir Jankélévitch plantea la ambivalencia que genera el tema. Sostiene que, por un lado, la muerte es la cosa más banal, todo el mundo muere. Sin embargo, cuando de lo que se trata no es de la estadística sino de una tragedia personal, se convierte en una cuestión trascendente. Nos propone, además, tres formas de la muerte.

La primera de ellas es: «La muerte de no importa quién, un transeúnte alcanzado por una embolia... la muerte sin misterio».

Se trata de esa circunstancia que, por universal y alejada, no nos provoca ningún efecto. Es el cortejo fúnebre que queda delante de nosotros en el semáforo. Un coche negro lleva el cajón, los de atrás a la familia. Vemos las coronas, el llanto de esos extraños, hasta curioseamos el nombre del muerto y, sin embargo, seguimos escuchando música, revisando el teléfono o conversando. Jankélévitch la llama «la muerte en tercera persona». Yo le digo: la muerte que no importa.

Acerca de «la muerte en primera persona» no podemos decir nada, porque es nuestra propia muerte. La que negamos, aunque admitamos que vamos a morir. Nadie se imagina el mundo sin él. No es posible hacerlo, porque no hay registro de la muerte en el Inconsciente. Solo pensar en ella nos conmueve y nos llena de incertidumbres. En lo personal, diría que esa es la muerte imposible.

Queda «la muerte en segunda persona», la muerte de alguien cercano, que «es la más parecida a la mía sin ser la mía, y sin ser para nada la muerte impersonal del fenómeno social».

Yo la llamaría la muerte dolorosa. La de alguien que amo. La que me ubica en el cortejo, la que compromete mis afectos, y me empuja al duelo. Es la que hará que despierte llorando, que no entienda el mundo y diga: «No puede ser». Es, además, la única que puede acercarme en algo a mi propia muerte.

Por lo general, nadie quiere hablar del tema. Pero es imprescindible hacerlo.

Søren Kierkegaard, el pensador danés, dijo que «el hombre es ese ser que se angustia, y es más profundamente hombre cuanto más profundamente se angustia».

¿Por qué? Porque la angustia aparece ante el vacío sin sentido, ante la muerte. Surge cuando afrontamos la más difícil de nuestras posibilidades. La única que no podremos evitar.

En el consultorio he comprobado que la aparición de la angustia es un momento crucial en análisis. Como dijo Lacan, «la angustia es la llave». Llave que abre la puerta detrás de la cual están los contenidos inconscientes, los mandatos, los miedos arcaicos y los deseos incestuosos que el paciente debe mirar cara a cara para poder salir de su cárcel de padecimiento.

El filósofo Martin Heidegger señaló que no somos más que seres arrojados a un mundo de posibilidades. La ballena no lo es. La ballena no elige. Hará lo que su instinto le indique y nada más. El ser humano, en cambio, tiene la facultad de optar, de construir su destino. El sueño del libre albedrío, de la libertad total, es un anhelo imposible, pero, aun así, el deseo nos impulsa a movernos dentro de ese pequeño margen que nos queda para tomar decisiones ante cada situación. Y esa libertad de no tener instinto, esa capacidad de elegir, nos genera dudas y angustia. Angustia ante lo desconocido, el vacío, la muerte. Podemos optar por salir o quedarnos en casa, ver televisión o leer, estudiar, casarnos o hacer un viaje. Pero, sin importar la opción que tomemos, en cada una de ellas hay una posibilidad latente: la posibilidad de morir. Casados o solteros, en casa o en un avión, trabajando o durmiendo, esa posibilidad acecha todo el tiempo. Por eso, Heidegger sostiene que el hombre es «un ser para la muerte». La mayoría se pasa la vida intentando negarlo y se entrega a lo que él llamó una «existencia inauténtica».

¿Cuál es la característica de esa «existencia inauténtica», el precio que se paga por no querer saber nada de la propia muerte?

La falta de sentido.

Quien se entrega a esta existencia, vive un mundo que otros crean por él. Lee lo que dicen que hay que leer, vota a quien le indican votar y opina lo que debe opinarse. Acepta lo que le imponen desde afuera y vive pasivamente su propia vida. Es «el hombre masa» que describe el filósofo español Ortega y Gasset. Aquel que no está a la altura de sí mismo. El que cree saber y no sabe, cree elegir y no elige. El que renuncia a la pasión del misterio y acata lo que otros han pensado por él.

El hombre masa renuncia a pensar por sí mismo, porque eso lo llevaría a plantearse el tema de su finitud. Por eso no habla de nada. Es pura charlatanería. Palabra vacía.

Si prestamos atención a qué radio escuchamos o qué diario leemos, veremos que muchas veces nuestra opinión está condicionada por aquello que esa radio o ese diario nos dicen que debemos opinar. Porque el precio que cobra el Otro del poder por mantenernos entretenidos es la sumisión. Es el costo que pagamos por vivir presos de esa pasión del desconocimiento.

En cambio, según Heidegger, quien acepta que va a morir puede tener una «existencia auténtica». Se posiciona de un modo diferente ante la vida y, sabiendo que no tiene todo el tiempo del mundo, piensa por sí mismo y elige. Se compromete a ir más allá de lo que se cree y se dice por ahí y, de ese modo, se hace cargo de su vida.

El análisis es un buen camino para lograr una auténtica existencia.

Ira, celos y venganza

Hera es, quizá, la figura más temida del panteón olímpico. Celosa, vengativa e iracunda, dañaba a todo aquel que contradijera sus deseos. Zeus no dejaba de engañarla y ella, como muchas personas, en lugar de resolver los conflictos con su pareja, prefería enojarse con el tercero en discordia.

Hemos contado su encono con Sémele, la amante de su esposo, y la locura con que castigó a Dioniso, el hijo de ambos. Pero ese no fue un episodio aislado. Por el contrario, la maldad era una constante en su vida.

Se dice que, cierta vez, Zeus había dictaminado que el primero de los descendientes de Perseo que naciera sería el dueño de la región de Micenas. Y ocurrió que dos muchachas descendientes de Perseo estaban embarazadas al mismo momento: Alcmena, amante de Zeus, y Nicipe.

Hera, enfurecida, decidió retrasar el parto de Alcmena. Para llevar adelante su plan contó con la ayuda de Ate, la personificación del error. Se trata de una divinidad que, sin ser percibida, se posa sobre la cabeza de los mortales y los obliga a equivocarse.

Con el fin de colaborar con Hera, Ate entretuvo a Zeus para que no ayudara a su amante. Así, el hijo de Nicipe nació primero, en tanto que Alcmena tuvo que sufrir dolores atroces hasta los diez meses, cuando por fin la diosa la dejó parir. El hijo que dio a luz fue ni más ni menos que Heracles, el equivalente griego del Hércules romano.

Sin embargo, también Zeus era vengativo. Por eso, al enterarse de todo, arrojó a Ate del Olimpo y le cerró para siempre las puertas del cielo. Desde entonces, el error es un triste privilegio de los seres humanos.

Hay innumerables ejemplos de la conducta iracunda de Hera, una diosa que no conoce la tolerancia ni el perdón. Pero basta con estos para demostrar qué actitudes pueden generar los celos extremos.

Los celos son una desmesura de la inseguridad. Un sentimiento que, lejos de favorecer al amor, pone en juego una pulsión destructiva que recorre al celoso y se proyecta sobre los demás. Es Juana, La Loca, desfigurando el rostro de una supuesta rival y prohibiendo que cualquier mujer se acerque al cadáver de su esposo. Es también muchos de nosotros arruinando relaciones por ceder a la desconfianza.

El amor siempre implica un riesgo. Como señaló Freud, nunca estamos tan desprotegidos como cuando nos enamoramos. El miedo a perder a la persona amada, la duda de que ella pueda darle a otro lo que queremos que nos dé solo a nosotros, nos coloca en un escenario de tensión. El celoso no puede manejar esa tensión y enferma. Fabula, inventa mundos de traición y recorre con encono el pasado de su pareja. Es posible que esta, intentando calmarlo, deje de salir, trabajar o hacer cosas que le gustan. Será en vano. Para quien padece de celos no hay actitud que lo relaje. No importan las renuncias que se hagan para complacerlo, porque su problema no es con el otro sino con él mismo.

Conviene desconfiar de la idea de que los celos son inevitables. Con algunas pocas excepciones, no existen celos sanos. Porque siempre denotan una falta de amor propio, una idealización desmedida de la persona amada y generan un afecto con destino de dolor.

Dioniso y Apolo

Apolo es hijo de Zeus y Leto y hermano de la diosa Ártemis. Y así como Dioniso es la personificación del desenfreno, Apolo es el dios que representa la luz y la claridad. Los mitos lo describen como un joven hermoso. Pero su atractivo iba mucho más allá de su belleza física. Tenía, además, atributos de tipo moral que lo hacían único.

Apolo es la contrafigura de Dioniso. Uno representa el juicio, la razón y la moral. El otro la locura, la pasión y el desenfreno.

Dioniso incita a entregarse sin límite a los placeres. Es el vino, la danza, el sexo y el goce desmesurado. Apolo invita a la sobriedad y el pensamiento.

Friedrich Nietzsche, en su libro *El nacimiento de la tragedia*, contrasta el espíritu que simbolizan estas dos figuras de la mitología griega.

Nietzsche tuvo una vida muy difícil. Su padre murió cuando él tenía 5 años, y creció junto a su madre, su abuela, su hermana y dos tías.

Desde chico mostró signos de una salud delicada. Cuando estalló la guerra francoprusiana, se alistó en el ejército alemán como enfermero, pero su salud, que siempre le jugaba en contra, lo obligó a retirarse.

Años después conoció al gran amor de su vida, Lou Andreas-Salomé. Desafiante, inteligente, defensora de la igualdad de la mujer en pleno siglo XIX. Alguien que destrozó el corazón de cada hombre que llegó a su vida porque no estaba dispuesta a ser esposa y madre. Lou quería vivir a pleno sus deseos y pasiones. Junto a Nietzsche y un amigo común, el poeta Paul Rée, decidieron vivir juntos, y se entregaron a una relación que fue escandalosa para la gente de la época.

Nietzsche fue un pensador polémico.

Detestaba las ideas platónicas. Como se sabe, Platón oponía al mundo tal como lo conocemos otro mundo, el de las Ideas. Un mundo organizado, armónico y perfecto. Según Platón, vivimos encerrados dentro de una caverna confundiendo las sombras con la verdad. Afuera de la caverna, en el mundo de las Ideas, está la existencia verdadera.

Nietzsche se opone a esta postura porque sostiene que «nihiliza» la vida. En latín, el término *nihil* significa «nada». Es decir que acusa a la teoría platónica de quitarle a la vida todo sentido.

Para Nietzsche la vida es lucha y caos y no está en ningún otro lugar más que aquí. Es esta, la que duele, la que angustia, la que nos apasiona. Por eso, también arremete contra la religión. Las ideas cristianas que alaban a los débiles, a los mansos, a los humildes, dice, son solo el fruto de un resentimiento contra los fuertes. El ser humano debe luchar, hacerse duro, apostar a la excelencia y mirar la vida sin ninguna esperanza en un cielo futuro. Porque, como sostiene en su obra *La gaya ciencia*, «Dios ha muerto».

En el primero de sus libros, Nietzsche presenta la oposición entre un principio apolíneo, que elige la belleza de las formas, la apariencia, y la claridad, y otro principio, dionisiaco, que exalta las pasiones y el caos de la vida misma.

Desde el Psicoanálisis, podríamos suponer que lo apolíneo rige el principio del placer. Es el que pone un límite para que el gozo no se vuelva goce y termine lastimándonos. Lo dionisiaco, en cambio, coquetea peligrosamente con la pulsión de muerte. Son las drogas, el alcohol, la sexualidad promiscua y la falta de límites.

Siguiendo a Hobbes, la sociedad es un modo apolíneo de controlar al lobo que vive dentro de cada persona. El precio es reprimir algunos deseos. Es decir que, de algún modo, el precio de lo apolíneo es la neurosis. El riesgo de lo dionisiaco es todavía más peligroso.

Sin embargo, basta leer los mitos para encontrar momentos dionisiacos en Apolo y momentos apolíneos en Dioniso. Resultaría necio negar que todos estamos recorridos en mayor o menor medida por ambas fuerzas, por una lucha eterna. Sin embargo, sería un error creer que lo apolíneo representa a la pulsión de vida y lo dionisiaco a la pulsión de muerte. Cuando el placer no es desmesurado y el deseo se detiene antes de cruzar el umbral del sufrimiento, la potencia de Dioniso nos empuja a construir proyectos y enfrentar miedos. Por su parte, cuando el exceso de razón nos detiene e impide que enfrentemos los riesgos que implica estar vivo, esa razón apolínea se pone al servicio de la enfermedad.

Nietzsche fue brillante, arremetió la vida con valor, desafió los límites y dejó una huella que marcó el camino de la filosofía del siglo XX.

En 1889, su estado psíquico comenzó a deteriorarse y debió ser internado. Luego, fue llevado a casa de su madre, donde permaneció hasta el último de sus días al cuidado de su hermana. Murió en 1900.

Nietzsche vivió fascinado por el dionisismo y, como si Apolo lo hubiese castigado por ello, en los últimos diez años de su vida, perdió la razón y se sumergió en un profundo estado de locura.

La soledad

Hemos señalado que en la Grecia antigua el peor de los castigos no era la muerte sino el exilio. Los relatos mitológicos y las tragedias están plagados de ejemplos que lo demuestran y, si miramos bien, no resulta tan extraño. ¿Qué puede resultar más doloroso que la distancia de aquello que amamos y la condena de deambular en un mundo de desconocidos en el que estamos fatalmente solos?

En nuestros días nos toca asistir a una paradoja: en los llamados tiempos de la comunicación estamos más incomunicados que nunca.

En realidad, la soledad no es un fenómeno singular; por el contrario, es un estado inherente a todo sujeto humano. ¿Por qué el amor es tan importante? Porque por un momento nos hace olvidar que estamos solos. Por eso, cuando alguien nos abandona, nos produce tanto dolor. Porque otra vez se nos aparece el vacío de la soledad. Y, en el intento de eludir ese abismo, construimos amistades y armamos proyectos, sin entender que es imposible evitarlo del todo.

Por más que estemos en pareja y seamos amados, aunque nuestros sueños se concreten y nos sintamos felices, en algún momento vamos a encontrarnos a solas con nosotros. En esos instantes nos invaden nuestras ausencias, las voces que extrañamos, las cosas que no volveremos a tener jamás, y sentimos el impulso de calmar ese dolor existencial.

Algunos van amueblando ese espacio con rencores, con destratos y resentimientos. Otros, en cambio, intentan hacerlo por un camino más noble, más genuino y más sano.

Hay personas que le tienen tanto miedo a la soledad que se aferran a cosas sin sentido, construyen relaciones enfermas y se condenan a la desdicha. Quien no puede transitar en paz el camino de su soledad no está capacitado para tener vínculos sanos. Jamás sabrá si ha construido esos vínculos por elección o por miedo.

Sin embargo, aunque nos cueste comprenderlo, cuando la soledad es elegida y no padecida, puede resultar un estado disfrutable en un mundo que parece haber sido armado para vivirlo de a dos. La cultura nos incentiva a enamorarnos con la esperanza de estar completos. Se trata tan solo de un engaño. Todo aquel que haya amado verdaderamente y sea sincero sabe que el amor no alcanza a matar la soledad. Por muy enamorados que estemos, llegará un instante en que nos hallaremos solos.

Debemos atrevernos a mirar a la soledad a los ojos. Después de todo, lo único que hay allí, somos nosotros mismos. Si la enfrentamos con miedo, será que nos da temor mirar hacia adentro y encontrarnos con algo que no nos gusta. Razón de más para hacerlo.

En definitiva, tenemos miedo a quedarnos solos porque tememos que en la soledad haya ausencia de afecto, de amor, de erotismo, de vida.

Pero ya es demasiado tarde.

Mañana será otra noche.

Heinrich tiembla. Es esperable, después de todo es un niño. Por suerte, la mano firme de su padre aprieta la suya intentando transmitirle seguridad.

Él lo llevó hasta esa sepultura ubicada en un pueblo al norte de Alemania, para contarle una historia aterradora. Su padre siempre le ha contado historias. Relatos que son para Heinrich lo más importante de su vida.

La voz del hombre interrumpe sus pensamientos.

—En esta tumba, yace el malvado Henning, también llamado Bradenkiel. Quizás haya sido el ser más cruel del mundo. Se dice que cierta vez asó vivo a un pastor y que, una vez asado, lo pateó para desparramar al viento sus cenizas.

—¿Eso es verdad? —pregunta el niño.

—Es una leyenda. Pero ya te dije que siempre conviene tomarlas en serio.

—¿Por qué?

—Porque, aunque suenen muy alocadas, casi siempre esconden algo de verdad.

Heinrich asiente en silencio.

—¿Y qué más cuenta la leyenda?

Satisfecho por haber despertado la curiosidad de su hijo, el padre continúa.

—Al parecer, los dioses, enojados por este acto de maldad, decidieron castigar al malvado y le impusieron una condena.

—¿Cuál?

—El pie izquierdo de Bradenkiel, el mismo con el que había desparramado las cenizas, debía salir cada año de la tierra calzado con una fina media de seda.

Heinrich, inmóvil frente a la tumba, espera ansioso ver salir aquel pie. Pero eso no sucede. Luego de unos minutos que le resultan eternos, mira a su padre y le ruega.

—Cavemos la sepultura, papá. Busquemos ese pie maldito. Estoy seguro de que debe estar aquí adentro.

El hombre asiente.

—Es probable, pero no profanemos esta tumba. No en este momento. Dejemos que el malvado Henning descanse un poco más. —Al ver el gesto desilusionado de su hijo, continúa—: Ahora quiero enseñarte otra cosa.

—¿Qué?

—¿Ves aquella colina? —Señala con el dedo—. Se dice que allí hay enterrada una cuna de oro.

—¿En serio? —Se entusiasma Heinrich—. Vamos… vamos para allá.

Su padre lo mira.

—¿Estás seguro de que quieres ir?

—Sí —exclama.

—Bueno, entonces vamos.

Su padre siempre le había contado cuentos y leyendas. Recuerda las noches frente al hogar, escuchando atento, mientras aquellas narraciones poblaban su mente de escenas de luchas apasionadas, de traiciones y gestos de locura y valentía.

De todas las historias que su padre le contaba, las que más le atraían eran las que tenían como protagonistas a los héroes del poeta griego Homero. En especial las de la guerra de Troya. Mientras las escuchaba, Heinrich construía en su mente las imágenes de Paris y Helena, de Áyax y Odiseo, y de Troya, la ciudad amurallada. Podía ver cómo Aquiles, el vencedor, arrastraba el cuerpo sin vida del príncipe Héctor frente a los ojos angustiados del rey Príamo, su padre, e incluso escuchaba los llantos y festejos de ambos bandos.

En la navidad de 1829, su papá le regaló la *Historia universal* ilustrada, de Jerrers. En ese libro, Heinrich descubrió una lámina en la cual se veía a Eneas, sobreviviente del incendio de Troya, durante su huida. El guerrero llevaba a su pequeño hijo de la mano y a Anquises, su padre anciano, sobre los hombros mientras huía del castillo ardiendo.

La imagen lo captura, no puede dejar de mirarla. Contempla los muros imponentes y la gigantesca puerta Escea.

—¿Así era Troya? —pregunta de pronto. Su padre asiente—. ¿Y todo eso está destruido por completo?

—Así es.

—Quiero verla… llévame a Troya.

El hombre sonríe.

—Me encantaría, pero no puedo. Nadie sabe dónde estaba la ciudad.

—¿De verdad?

—Sí.

El hijo lo mira unos segundos hasta que su gesto se pone serio y sentencia.

—Cuando sea más grande voy a encontrar la ciudad de Troya. Te lo prometo.

El padre se acerca y lo acaricia.

—Ojalá… Me encantaría que lo hicieras.

Heinrich siempre creyó en las cosas que su padre contaba. Incluso, siendo ya adulto, un prusiano millonario, un arqueólogo famoso, de vez en cuando sentía el impulso de hurgar en la tumba del malvado Henning en busca de aquel pie izquierdo.

Cuando tenía 10 años, le regaló a su padre una composición que escribió acerca de la guerra de Troya, sin saber que 36 años más tarde publicaría un tratado sobre el mismo tema.

A los 14 dejó la escuela y comenzó a trabajar en una taberna para marinos. El paso del tiempo hizo lo suyo y Heinrich olvidó aquellos relatos, hasta que un día entró en el establecimiento un molinero borracho que se puso a recitar un poema. Lo hacía en un idioma extraño y Heinrich no entendía nada de lo que decía, pero al enterarse de que se trataba de un párrafo de la *Ilíada*, los versos de Homero que su padre le relataba cuando era un niño, recurrió a sus ahorros y dio al borracho una copa de aguardiente por cada recital. Así escuchó: «Canta, oh Diosa, de Aquiles el Peleo la cólera funesta…», el comienzo de aquel libro que cuenta la guerra de Troya.

A partir de ese momento comenzó una vida aventurera. Se embarcó como grumete en un barco a Venezuela. Tras 15 días de viaje hubo una tempestad que produjo el naufragio del barco y terminó en un hospital de la isla de Texel. Luego fue escribiente en Ámsterdam. Aprendió sin ayuda el inglés, el francés, el holandés, el español, el italiano y el portugués (este último solo en seis semanas). Cuando tenía 22 años, aprendió también el ruso. Pero no contaba con quien hablar, entonces buscó un oyente. Un anciano que por cuatro francos semanales se sentaba a escucharlo.

Luego viajó a San Petersburgo, y ya en los Estados Unidos buscó oro. Lo cierto es que pospuso el estudio del griego hasta 1856, por miedo a que esta pasión lo hiciera abandonar todo lo demás. De hecho, en 1863 dejó el comercio y cinco años después se trasladó a Ítaca, la tierra de Odiseo, el héroe de Homero. El 31 de diciembre de aquel año escribió un libro sobre esta isla.

Estaba decidido. Iba a cumplir la promesa que le hizo a su padre, y lo haría confiando en él. Es decir, desafiaría a la comunidad científica y buscaría la ciudad perdida de Troya con la sola guía de los versos homéricos que su padre le leía durante la infancia.

Era una locura. Una locura que no podía detener. Las imágenes de su infancia lo miraban desde algún lugar y el deseo pudo más que la razón.

En aquellos tiempos, no solo se dudaba de la veracidad de esos versos, sino también de la existencia misma del poeta Homero. Sin embargo, Heinrich lo leía como si se tratara de una realidad indiscutible.

Y así fue como, a los 46 años, Heinrich Schliemann, tal como nos cuenta C. W. Ceram en su libro *Dioses, tumbas y sabios*, comenzó a buscar Troya. Pero no se trasladó a la Grecia moderna. Fue directo a donde en aquella época se encontraba el reino de los aqueos, tal cual lo indicaba la *Ilíada* y, en la plaza de un pueblo, este extranjero rico y extraño leyó el canto XXIII de la *Odisea* —segundo libro de Homero— a los descendientes de aquellos que habían muerto hacía tres mil años, hasta que la emoción lo venció y se puso a llorar. Con él lloraron también los que estaban presentes.

En los primeros tiempos de su labor, Schliemann no era todavía un arqueólogo experto. Sabía, eso sí, que la mayoría de los científicos contemporáneos creían que la ciudad de Troya, siempre y cuando hubiera existido, podría haberse levantado en un pequeño pueblo llamado Bunarbashi.

En la *Ilíada*, Homero señalaba que en la ciudad de Troya había dos fuentes. Por eso, las dos fuentes que existían en Bunarbashi, hacían suponer que allí podría haber estado Troya.

Schliemann contrató un guía, montó un caballo viejo sin riendas ni sillas y echó un primer vistazo al país de sus sueños juveniles. Pero llegó a la conclusión de que esa no podía ser Troya, porque estaba demasiado alejada de la costa y, según los relatos homéricos, los héroes corrían del barco al castillo varias veces al día. Además, no encontró dos fuentes, sino 34. Y, por otra parte, ¿no había dicho Homero que de una fuente brotaba agua caliente y de la otra agua fría?

Entonces Heinrich, que interpretaba al poeta literalmente, sacaba su termómetro, lo sumergía en las fuentes y en todas hallaba la misma temperatura: 17.5 grados.

Lo imagino yendo fuente tras fuente con el libro en una mano y el termómetro en la otra. Se inclina, mide la temperatura, mira la distancia al mar y niega con la cabeza.

—No es posible. Si Bunarbashi hubiera sido Troya, los héroes de Homero hubieran tenido que recorrer 84 kilómetros en nueve horas. Esta ciudad no es la que busco.

Aun así, en su búsqueda encontró ruinas en Nueva Ilión (Hissarlik), lugar situado a dos horas y media de distancia de

Bunarbashi y a solo una de la costa. Por aquel suelo volcánico era posible la persecución de Aquiles a Héctor. Sin embargo, allí no estaban las dos fuentes, y eso lo hizo dudar.

Reemprendió su tarea. Localizó la cima desde la que, supuso, el dios Zeus observaba la guerra, y en 1870, con cien hombres, comenzó las excavaciones.

Fue considerado un loco, porque, en su obsesión, trabajaba en medio del paludismo, sin agua, e incluso soportando la rebeldía de los obreros. Hasta que, a punto de gastar la mayor parte de su fortuna, encontró unas ruinas insignificantes, y debajo de estas otras, y otras, y otras. Todas de diferentes épocas. Halló siete ciudades sepultadas y más tarde dos más. Nueve en total. Pero ¿cuál sería Troya?

Estaba seguro de que no podían ser ni la última, ni la primera. Pero en la penúltima y la antepenúltima encontró los restos del incendio del palacio. No tenía dudas, la había encontrado. Y ese descubrimiento no significaba solo el éxito de Schliemann, sino también el de Homero.

Fechó el 15 de junio de 1873 como penúltimo día de excavaciones y al final, justo antes de terminar, encontró «el tesoro de Príamo», rey de Troya.

Heinrich se arrodilla y acaricia el tesoro. Sus ojos se llenan de lágrimas e imágenes de su niñez vuelven a él. El fuego de la chimenea, los héroes que habitaban sus relatos de infancia, y la voz querida de su padre. Entonces, eleva la mirada y sonríe.

—Cumplí, papá… la encontré.

Poco antes de la muerte de Schliemann, se comprobó que la Troya homérica correspondía, en verdad, a la sexta capa, contando desde la más antigua. Heinrich se había equivocado, pero, aun así, lo había conseguido. Y con un método muy particular: siguiendo a los poetas y no a los cronistas ni a los historiadores.

Los relatos que escuchaba de su padre lo llevaron a emprender una búsqueda que parecía imposible, y en ella jugó su pasión, incluso a costa de poner en riesgo su fortuna y contraer enfermedades mortales. Pero esa misma pasión lo sostuvo y lo llevó a realizar uno de los descubrimientos más grandes de la historia de la humanidad.

Como hemos dicho, lo dionisiaco y lo apolíneo plantean miradas opuestas. Heinrich Schliemann, como Nietzsche, eligió el camino dionisiaco. Apostó al arte, a lo impensado y desoyó los consejos de la razón.

Llegado a este punto me siento tentado de tomar partido por la bruma de Dioniso. Pienso que es posible que, muchas veces, la verdad esté más cerca de la mirada de los artistas que la de los historiadores. Si así fuera, cuando dentro de tres mil años algún apasionado quiera hallar los restos de Buenos Aires, deberá resistir la tentación de hacerlo indagando en los diarios o archivos televisivos. Será mejor que busque en la poesía, porque solo entonces sabrá que, como dijeron los Homeros criollos, los trenes sembraban un misterio de adiós, a la ciudad le llamábamos «La reina del Plata» y que, con ella, no nos unía el amor sino el espanto.

III

NOCTURNO A LA FELICIDAD

(O TERCERA NOCHE DESVELADA)

La puerta de la felicidad se abre hacia adentro,
hay que retirarse un poco para abrirla;
si uno empuja, la cierra cada vez más.

SØREN KIERKEGAARD

La lágrima negada

Como señalamos, la mitología nórdica postula la eterna lucha de los opuestos: el fuego y el hielo, el bien y el mal, la vida y la muerte.

Es difícil hacer un paralelismo entre los mitos nórdicos y los griegos, porque las pasiones que los mueven son otras y la organización de sus dioses también. Aun así, podríamos intentar una analogía.

Así como los griegos tenían su Olimpo, los dioses nórdicos, los Ases, tenían el Asgard, gobernado por Odín y su esposa Frigga, una especie de Zeus y Hera. Dentro de Asgard se encuentra su palacio, el Valhalla. Se dice que tenía 540 puertas. Por cada una de ellas podían pasar ochocientos guerreros. Hasta allí iba Odín para recibir a los muertos en batalla, y Frigga en persona les daba la bienvenida con un beso. Desde ese momento entraban en un extraño paraíso, «una suerte de festín de los héroes». Allí podrían hacer lo que más amaban: pelear y beber.

No todos los Ases son iguales. Loki, por ejemplo, es un traidor. Un especialista en engaños que, siempre que puede, les genera problemas a sus compañeros. El escritor Juan García Font ha dicho: «Loki es el arquetipo de la sombra o acción inconsciente: bastón a la rueda de nuestros propósitos y proyectos».

Era hermoso y, aunque moraba junto a los dioses, no tenía su castillo en Asgard. Era y no era un par. Formaba y no formaba parte del grupo de los Ases. Ninguno lo quería, y todos desconfiaban de él. Es comprensible, después de todo, por más que alguna vez se pusiera de su lado, lo más común era que, con sus actos, creara caos y enemistades permanentes.

La mitología siempre intentó dar respuesta a los enigmas de la naturaleza cósmica y humana. Aquí, Loki aparece como esa fuerza que se encarga de ponernos palos en la rueda para arruinar nuestros proyectos. Representa el empuje inconsciente a la destrucción que habita en todo ser humano al que llamamos pulsión de muerte. Vive con nosotros y no podemos extirparla, a pesar de que siempre nos ocasiona sufrimiento. Es parte de la psiquis, pero no tiene un lugar, un castillo, en la conciencia.

Pero, a pesar del recelo que generaba, Loki no era un dios menor. Por el contrario, junto a Odín formó parte de la creación del hombre. Fue quien le dio la sangre y el color de la piel.

Pulsión de vida y pulsión de muerte. Apolo y Dioniso. Eso somos. Una mezcla extraña de luces y sombras, de poesía y maldad, de hielo y fuego.

Quizás el más conocido de los Ases sea Thor. El mundo del cine lo rescata en películas muy exitosas, y, en mi infancia, fue el protagonista de una serie infantil.

Hijo primogénito y mano derecha de Odín, vive entre las nubes, siendo su dominio «el mundo de las lluvias, los truenos y relámpagos».

Es el más fuerte de los dioses nórdicos, aquel que genera tormentas cada vez que se acomoda su barba roja. Su atributo más importante es su martillo, Mjölnir, una especie de *boomerang* que no falla jamás y vuelve siempre a las manos de su dueño luego de matar.

Sin embargo, a pesar de su importancia, no fue el más amado de los Ases. Es Balder, hijo de Odín y Frigga, quien tiene ese privilegio.

Se cuenta que Balder alcanzó la mayoría de edad rápidamente, lo cual le permitió desde muy chico participar de la asamblea de los dioses. Era gentil, atento y luminoso. Tenía la facultad de verlo todo, excepto una cosa: su propio destino. Al parecer, también los Ases, como nosotros, debían atravesar una vida sin certezas.

Balder, «el que habla con más gracia, el que proyecta la luz», era una especie de Apolo nórdico y, como hemos dicho, todos lo querían. Todos menos uno: Loki.

Loki lo odiaba.

Se cuenta que, cierta vez, Balder, el bueno, comenzó a tener pesadillas acerca de su muerte. Preocupado, contó sus sueños al resto de los Ases, quienes decidieron ayudarlo. De inmediato, convocaron a una asamblea y decidieron protegerlo contra todo mal y a cualquier costo. Su madre, Frigga, recorrió el mundo e hizo prometer a cada una de las cosas que jamás lastimarían a Balder.

No solo los Ases lo amaban. Todo ser viviente e inanimado sentía adoración por él. Por eso, aceptaron sin dudarlo. Así, el hierro, el fuego, el agua, los animales, los árboles e incluso las enfermedades, es decir, todos aquellos que pudieran causar algún mal, juraron respetarlo.

Luego de este suceso, conscientes de que ya nada podía lastimar a Balder, el resto de los dioses, salvo Loki, se divertían con un juego que consistía en formar un círculo, colocar a Balder en medio, y arrojarle todo tipo de objetos. Le tiraban piedras, le lanzaban flechas, lo agredían con sus espadas, y se regocijaban al ver que nada lo hería.

Loki, enojado por lo que veía, urdió un plan. Tomó la forma de una mujer y fue hasta la casa de Frigga.

Frigga la hizo pasar, aunque no la conoce. Seguramente, se cree una deidad poderosa y siente que no tiene nada que temer. Además, él ha logrado una metamorfosis perfecta, se ve como una dama inofensiva, amigable, y desde que llegó, se ha esforzado por generar un diálogo ameno con ella. Pero ya pasó el tiempo suficiente y puede abordar el tema que lo llevó hasta allí. Es momento de actuar.

Sin mirarla, como al pasar, la supuesta mujer comenta.

—No sé si está al tanto de las bromas que los Ases le hacen a su hijo.

Frigga sonríe.

—Sí, pero no tiene de qué preocuparse. Yo misma me encargué de hacerle jurar a todas las cosas del mundo que no dañarían a Balder. Todas lo hicieron, y no van a romper su juramento.

—¿Todas?

—Bueno… Hay una excepción.

—Cuénteme, por favor.

Frigga duda.

—Al oeste del Valhalla crece una rama mágica a la que llaman muérdago. Me pareció demasiado joven e insignificante como para pedirle juramento.

Es lo único que necesitaba saber. En su inocencia, Frigga le acaba de dar la clave para llevar adelante su propósito: matar a Balder.

Al rato, Loki sale del palacio de Frigga. Está decidido. Va directo en busca de la rama de muérdago y allí, al oeste del Valhalla, la encuentra. Ya está. Solo falta el último paso, y no piensa fallar.

Camina hasta el Thing, el lugar en que se realizan las asambleas. Como siempre, allí está Balder, rodeado por los Ases que continúan con el ritual de tirarle cosas.

A un costado, fuera del círculo encuentra a Hodr, el dios ciego. Loki se le acerca y lo anima a participar en el juego.

—Hodr, creo que tú también deberías hacer los honores al querido Balder. Vamos, arrójale algo, aunque sea una rama.

—Es que no puedo ver.

—No te preocupes por eso. Yo te indicaré dónde está.

Hodr acepta, y Loki guía su mano. Son unos pocos segundos. Apenas lo que tarda esa rama de muérdago en recorrer el espacio y dar en el blanco. De pronto, el silencio se vuelve atroz. Los Ases se miran incrédulos, con lágrimas en los ojos.

—No puede ser —murmura uno de ellos.

Pero es. Balder, el más amado, yace muerto en el suelo.

Cuando Frigga vio a su hijo muerto, sintió cómo la angustia la invadía y se deshizo de dolor. En su desesperación, rogó a los dioses que hicieran algo.

—Pero ¿qué podemos hacer? —le preguntaron.

Ella ordenó:

—Vayan hasta los dominios de Hel y pídanle que permita que Balder regrese a Asgard con nosotros.

Todos se miraron asustados. Hel, hija de Loki y soberana del reino de los muertos, era un ser temible. Al ver sus rostros, Frigga insistió.

—Ruéguenle, si es necesario. Díganle que sin Balder el mundo no es más que un lugar oscuro y sin sentido.

Todos comprendían su padecimiento, pero no era un pedido fácil de complacer. El camino que llevaba hasta Hel era demasiado riesgoso y, por eso, ninguno de los dioses dijo nada. Entonces, Frigga prometió que tanto ella como su esposo recompensarían al valiente amándole más que a ningún otro. Al escuchar esas palabras, Hermod, el vigoroso hijo de Odín, se ofreció para ir hasta la región infernal.

Frigga lo miró agradecida, y Odín, para ayudarlo, le presto a Sleipnir, el caballo más rápido del mundo, ya que tenía seis patas. Además, el animal conocía el camino porque lo había recorrido dos veces.

Mientras Hermod se preparaba para iniciar su travesía, Odín ordenó que colocaran el cuerpo de Balder sobre una barca en el mar, como si se tratara de una pira flotante y, uno tras otros, los dioses se acercaron para despedirse de él.

Cuando le llegó el turno a Nanna, la esposa de Balder, ella se agachó para besarlo, pero no soportó verlo muerto. Su corazón se rompió de dolor y, al instante, cayó sin vida. Al ver esto, los Ases, conmovidos, la colocaron junto a su esposo y empujaron la pira a las aguas para que el mar se los llevara.

Tras nueve días de travesía, Hermod llegó hasta el río Giöl, límite del inframundo. Para cruzarlo debía atravesar un puente de cristal y oro que estaba sostenido por un solo cabello. No era un trámite sencillo, porque, además, el puente tenía un guardián. Al igual que Caronte, un esqueleto custodiaba la entrada y exigía que los espíritus pagaran para poder pasar.

Aunque, a diferencia del barquero del infierno de los griegos, en lugar de una moneda, pedía sangre. Otras versiones sostienen que, en realidad, el puente era custodiado por una hermosa doncella. Los dos grandes enigmas de la humanidad: la muerte y el amor.

Sea como fuere, Hermod logró llegar hasta la puerta del infierno y apuró al caballo de seis patas para que saltara por encima de ella. Una vez dentro, comenzó a buscar a Balder hasta que lo divisó a lo lejos, sentado junto a Nanna. Se le veía triste y la luz había desaparecido de sus ojos. Se acercó en silencio, se ubicó a su lado y pasó junto a él toda la noche. Al llegar la mañana se presentó ante Hel.

—Reina de las tinieblas, vengo a pedirte un favor.

—Habla.

—Quisiera que dejaras que Balder, el bueno, monte el caballo de Odín y regrese a Asgard conmigo.

—¿Por qué debería hacer eso?

—Porque los dioses, la tierra, los mares, todo lo llora y la felicidad ha desaparecido con él.

Hel lo observa un instante.

—¿Es cierto lo que dices? ¿Es verdad que Balder es tan amado?

—Así es.

—Demuéstralo, entonces. Vuelve al mundo. Si consigues que todas las cosas vivas y muertas lloren por él, dejaré que lo lleves. Pero si una sola se niega a hacerlo, permanecerá conmigo para siempre.

Entusiasmado por la respuesta, Hermod emprendió el regreso. Al llegar contó lo sucedido y la esperanza ganó el corazón de los Ases. Sabían que todas las cosas amaban a Balder y estaban convencidos de que ninguna se negaría a llorarlo.

Pusieron manos a la obra de inmediato. Enviaron mensajeros que debían recorrer el mundo y pedir a toda cosa, viva o muerta, que llorara por Balder para demostrar su dolor. Y así lo hicieron. Animales y plantas, hombres y piedras lloraron por el dios amado.

Sin embargo, mientras volvían a Asgard, en una cueva oscura, los peregrinos encontraron a una giganta.

—¿Cuál es tu nombre? —le preguntan.

—Thok.

—Somos enviados de Odín.

—¿Y qué buscan?

—El querido Balder ha muerto y Hel ha prometido liberarlo si todas las cosas del mundo lloran por él. Por eso, te pedimos que lo hagas.

Thok los observa con desdén.

—No.

—¿Cómo que no? —asombran—. Debes hacerlo.

—No —repite la giganta.

—Por favor —insisten—. Solo una lágrima.

—No tengo por qué hacerlo —sentencia Thok—. Nada le debo a Balder. Ahora él le pertenece a Hel, y con ella se quedará.

Al llegar al Asgard, los dioses los aguardaban con sonrisas esperanzadas. Pero esas sonrisas se borraron al escuchar el relato de los viajeros. Alguien no había llorado, y eso significaba que Balder no volvería jamás. Solo un ser se negó, y esa única lágrima negada pudo más que el llanto de todo el universo.

Se dice que, desde entonces, la tristeza se quedó en el mundo.

No es tan extraño que esto ocurra. Lo sabe bien quien sufre un desamor, quien espera un llamado que no llega y convierte a la persona amada en alguien más importante que el mundo entero.

Algunas versiones sostienen que, en realidad, Thok no era sino otro de los disfraces de Loki. Si fuera así, queda flotando en el aire el poder de la maldad. Si, en cambio, Thok no era más que una giganta sin sentimientos, estaríamos frente al poder de la estupidez.

De todos modos, ya sea una u otra opción, es cierto que, muchas veces, basta un malvado o un insensible para destruir toda esperanza.

La desesperación

Al igual que el optimismo o el amor, también la esperanza tiene muy buen *marketing*. Pensemos, cuando estamos pasando una situación difícil, cuántas personas nos alientan a tener esperanza. Sin embargo, es una noción sobre la que conviene reflexionar.

A lo largo de su obra, el filósofo francés André Comte-Sponville realiza una mirada crítica acerca de la esperanza. En especial, en uno de sus libros: *La felicidad, desesperadamente*. Se trata de la transcripción de una conferencia que el autor pronunció en octubre de 1999 en el marco de los Lunes de Filosofía, unos encuentros semanales que se llevaron a cabo en la ciudad francesa de Bouguenais. Recorramos algunas de las ideas que se desprenden de este y otros de sus trabajos.

Comte-Sponville describe tres características de la esperanza.

La esperanza nace de la ausencia. Es un anhelo que alude a algo que no tenemos. Desde el Psicoanálisis, podríamos decir que es un ansia que surge a partir de la falta. Teniendo en cuenta que no es posible gozar de lo que no se tiene, es lícito decir que esperar es desear sin disfrutar.

Sin embargo, si nos quedáramos con este postulado, correríamos el riesgo de confundir esperanza con deseo que, si bien son nociones que tienen alguna relación, de ningún modo son sinónimos. La esperanza es solo una de las formas del deseo. La más peligrosa.

Por lo general, pensamos que la esperanza siempre se refiere a un acto futuro, pero no es así. No solo se espera algo que no ha ocurrido. Por ejemplo, si nuestro hijo está haciendo un examen, es lícito tener la esperanza de que le esté yendo bien, una esperanza que tiene como centro un hecho que está ocurriendo en el presente. También puede ser que aluda a un momento pasado. Imaginemos que, cuando ese hijo entró a hacer su examen, hubiéramos subido a un avión. Al aterrizar, ocho horas después, lo llamaríamos con la esperanza de que le haya ido bien. En este caso, el motivo de nuestra esperanza tiene que ver con algo que ya pasó, con el pasado.

Entonces, no es el tiempo lo que caracteriza la esperanza, sino la ignorancia. La esperanza se refiere a algo que «no sabemos si será o no satisfecho». Esta es la segunda característica que Compte-Sponville señala: esperar es desear sin saber.

Ahora, ¿podemos hacer algo por que nuestro hijo apruebe la evaluación? No. No podemos hacer absolutamente nada. Esa es la tercera característica que presenta la esperanza. Se trata de un deseo cuya satisfacción no depende de nosotros.

Estas características lo llevan a formular la siguiente definición: «La esperanza es un deseo que se refiere a algo que no tenemos (una carencia), del que ignoramos si es o si será satisfecho, y cuya satisfacción no depende de nosotros. En definitiva, esperar es desear sin disfrutar, sin saber y sin poder».

Pensemos en Sarah.

Cuando Andrés la dejó, ella se aferró a la esperanza de que algún día volvería y no abandonó esa creencia jamás. Veintiocho años después, seguía alimentando la idea de que, en cualquier momento, sonaría el timbre y sería él que volvía a su lado.

Vemos cómo se cumple la primera de las características: Sarah deseaba algo que no tenía, Andrés, y, por lo tanto, de lo que no podía disfrutar.

Si bien no se encerró en su cuarto a llorarlo, sino que mantuvo su trabajo, pagó sus cuentas y, en apariencia, continuó viviendo, no volvió a amar a nadie, no construyó proyectos y no hubo un sueño que guiara su destino.

Esa es la condena del melancólico. Habitar en una especie de limbo. Un pasillo que, hacia adelante, conduce a la muerte y hacia atrás, a lo perdido. Un pasillo que se recorre en un presente desbordado por la angustia apasionada de la falta de sentido. Encerrada en ese pasillo oscuro, Sarah dejó ir su vida obsesionada con un retorno que nunca se produjo y se quedó sola, se aisló del mundo para no escuchar a quienes intentaban convencerla de que abandonara su espera.

¿Ella sabía, acaso, si ese regreso se produciría? No. Siempre lo ignoró. Más allá de su fe, de su certeza, nunca supo realmente si Andrés volvería o no, y se pasó años llenando el vacío que le provocaba esa ignorancia con una pasión delirante que la llevó a la locura.

Negó la realidad y se aferró a esa esperanza, a pesar de lo cual, fue impotente para conseguir lo que deseaba porque, en definitiva, era algo que no dependía de ella, sino de él.

Podrá decirse que se trata de un caso extremo. Es cierto. Planteemos, entonces, otro escenario. Un escenario que conozco muy bien.

Dos personas están sentadas en la sala de espera de la terapia intensiva de un hospital. Del otro lado de la puerta un ser querido lucha por su vida. Están nerviosos, angustiados, y tienen miedo. Uno de ellos reza, el otro habla por teléfono e informa a la familia de las novedades. En un momento se abre la puerta y el médico los llama. Les dice que todavía no puede decirles nada, pero que deben tener fe. Ellos agradecen, y él se retira. Vuelven a sus sillas. Se miran, se toman las manos e intentan una sonrisa. Aunque no han pronunciado palabra, queda claro que ambos han decidido aceptar el consejo profesional. No se entregarán. No van a perder la esperanza.

Lejos del ejemplo límite de Sarah, se trata de una situación que, en este mismo instante, se da en muchos lugares. No por eso contradice lo que hemos dicho acerca de la esperanza.

Esas dos personas esperan algo que no tienen (la salvación del ser querido), algo que ignoran (porque no tienen certeza de si eso ocurrirá o no) y algo por lo que no pueden hacer nada (porque la curación está en manos de los médicos o, como ellos mismos dicen cuando ya no tienen chances, en manos de Dios).

Lo mismo se repite en circunstancias mucho menos graves. El resultado de una prueba de embarazo, el deseo de un triunfo deportivo, la ilusión de conseguir entradas para un concierto, o el anhelo de que no llueva el día de una fiesta.

Es decir que la esperanza impide el placer porque es algo que no tenemos, no sabemos si pasará y, como si todo esto fuera poco, nos impotentiza, porque al no depender de nosotros, nada podemos hacer.

¿Quién puede ser feliz sin disfrutar de lo que ama, y sintiéndose ignorante e impotente?

Julio Cortázar dijo que la esperanza era la única emoción que no nos pertenece a nosotros; pertenece a la vida. Según él, «es la vida misma defendiéndose». ¿Defendiéndose de qué? De una verdad que no nos gusta, pero que aun así deberemos admitir para no enfermar. Nada peor puede pasarle a alguien que ha perdido un amor que quedar esperanzado. Porque, para que alguien comience con el trabajo de duelo, es indispensable que admita que ha perdido algo importante. ¿Quién va a tomarse el esfuerzo de olvidar a alguien que puede volver? Pero quedarse esperando el retorno de alguien que no volverá, como Sarah, es una tragedia.

Conviene renunciar a los beneficios de la ingenuidad y admitir que muchas veces la esperanza, lejos de ser un sentimiento noble, es la causa misma de nuestro dolor.

Vista de esta manera, la esperanza nos retiene en un estado de profunda desdicha. Si existe alguna posibilidad de ser feliz, esa posibilidad, en lugar de estar en la esperanza, va de la mano de la desesperación.

* * *

La conocí en un café de Palermo. Yo tomaba un café mientras escribía sentado en una mesa junto al ventanal, concentrado, hasta que escuché que alguien me golpeaba el vidrio. Respondí a su saludo, y me preguntó con señas si podía hablar un momento conmigo, y asentí. Ella entró en el café, se quedó parada junto a mí y me regaló una sonrisa hermosa.

«Era rubia y sus ojos celestes», como la protagonista de aquel vals que escuchaba en mi infancia. Me puse de pie.

—Sé que estás ocupado. —Señaló la computadora—. Es solo un minuto.

—Está bien.

—Soy Juliana.

—Encantado… Gabriel.

Se ríe.

—Sí, ya sé. No le golpeo el vidrio a todo el mundo. Soy estudiante de psicología. Una estudiante eterna.

—¿Por qué dices eso?

—Porque es así, pero no importa. Me gustaría verte… Profesionalmente, digo.

En esa época, yo atendía todos los días y tenía disponibilidad horaria. Por eso accedí de inmediato. Anoté mi teléfono en una servilleta y se lo di. Me abrazó muy fuerte. La miré sorprendido; ella rio. Con esa risa que, con el tiempo, yo conocería tan bien.

Me senté y la vi marcharse con un andar relajado, un poco desprolijo. Al pasar frente a la ventana me hizo un gesto indicando que iba a llamarme. Le dije adiós con la mano y volví a la escritura.

Cinco días después entraba por primera vez en mi consultorio.

Llegó sonriendo, acelerada. Se quitó el morral tejido que llevaba cruzado, y se sentó en el sillón. Era muy bonita, pero algo opacaba su mirada. Como suelo hacer, inicié con una consigna abierta.

—Cúentame por qué estás aquí.

—Porque tú me citaste en este horario. —Se ríe y me contagia.

—¡Ah, bueno! Viniste a burlarte.

—No, para nada. Perdón.

—Está bien. Es bueno que estés relajada.

Estalla en una carcajada.

—¿Yo, relajada?… Para nada, estoy muy nerviosa, pero intento disimularlo. —Hago silencio—. Mira… vengo por varios motivos. El principal es que no estoy bien.

—¿Con qué no estás bien?

—Conmigo.

—¿Por qué?

Suspira.

—Porque soy un desastre. Tengo 39 años, un hijo, Sebastián, de 8, y estoy separada hace seis.

—¿Y eso te convierte en un desastre?

—Eso no, pero la manera en que lo hago sí.

—¿Y cómo lo haces?

—Mal.

Se interrumpe. La aliento a seguir.

—Cúentame.

—Estoy por quedarme sin trabajo. Las cosas no van bien en la empresa, han estado corriendo gente y la verdad es que yo no soy muy necesaria. Lo que hago, lo puede hacer cualquiera. Mi jefa misma puede arreglarse sin necesidad de mí. Así que creo que me queda poco tiempo…

—¿Eso te angustia?

—Sí, claro. Tengo que pagar el alquiler, mantener a mi hijo… y ahora, si me aceptas, mi terapia.

—¿El papá de Sebastián vive?

—Más o menos.

—No entiendo.

—Sí, de vivir, vive. Pero es lo mismo que si estuviera muerto. Mi ex es un tonto con el que no puedo contar para nada. Ve al niño una a dos veces al mes, no nos da pensión, no decide, no aparece, ni siquiera molesta. Es la nada misma.

—Entiendo.

—Además, está el tema de la facultad. Como te dije en el café, soy una estudiante crónica. Hace como seis años que curso y apenas pasé la mitad de la carrera.

—¿Te cuesta?

—No, pero no tengo tiempo. Cuando empecé, el niño tenía 2 años. Justo ahí vino el divorcio, la necesidad de salir a trabajar y, al final, siempre termino postergando las cosas que más me importan.

—¿La facultad es lo que más te importa? —Asiente con un dejo de tristeza.

—¿Qué pasa?

—Que, a lo mejor, voy a tener que aceptar que no es para mí. Al menos, no en esta vida.

—¿Y en qué otra, Juliana?

Me mira.

—No sé... ¿Tú piensas que hay otra vida? Yo creo que sí.

—No me corresponde contestar esa pregunta. Tienes derecho a creer lo que quieras. A mí me toca ayudarte para que concretes tus deseos en esta, porque no sé si habrá o no otra vida, pero, en lo que se refiere al análisis, esta es la única que tenemos para trabajar juntos.

Convinimos iniciar el tratamiento ese mismo día. No era común que hiciera eso. Por lo general, prefiero tener cuatro o cinco entrevistas previas antes de tomar a alguien como paciente. Sin embargo, en esa primera charla, sentí que no había razón para esperar. Juliana estaba angustiada, se involucraba en su problemática y se hacía preguntas importantes. Reunía todas las condiciones. Era claro que estaba preparada para comenzar el análisis.

Como dijimos, la transferencia, esa sensación de confianza que el paciente debe tener en el profesional, la suposición de que él posee un saber acerca de cómo ayudarlo, es fundamental para el tratamiento analítico. Pero no siempre es algo que se construye en sesión. En este caso, a través de la lectura de mis libros y luego de haberme visto en algunas entrevistas, Juliana sentía que yo era la persona con la que quería trabajar. Por eso me golpeó el vidrio aquella tarde en el café. También por eso, en la segunda entrevista, nuestra primera sesión, «la tiré» al diván.

Antes de decir nada, se ríe. Parece divertida.

—¿Qué pasa?

—Pasa que la primera vez hablé contigo parada en un café, después sentada en un sillón, y ahora acostada en tu diván. ¿Dónde será la próxima vez?

—No te preocupes por eso. Relájate que, a partir de ahora, será siempre aquí.

—Estoy relajada. Solo que la vida no deja de sorprenderme.

—¿Por qué?

—No sé. Es raro estar acostada aquí. Es una experiencia nueva para mí y, sin embargo, me siento cómoda, como si lo hiciera desde hace tiempo. —Otro efecto de la transferencia. —Hoy quiero hablar de mi papá. ¿Sabes? Es un hombre muy especial.

—¿Cómo es tu relación con él?

Pausa.

—Difícil. Somos tres hermanos, un varón y dos mujeres. Mi mamá murió a los 43 años, cuando yo tenía 10 y, desde entonces, él se encargó de nosotros solo. Estoy segura de que no debe de haber sido nada fácil. Por suerte, es un tipo muy hábil para los negocios, así que terminó teniendo su empresita y nunca nos faltó nada.

—Nada, excepto una madre.

Acusa el impacto.

—Sí, claro.

—Pero sigue.

—Te contaba que, al menos desde el punto de vista económico, vivimos mejor que la mayoría de la gente. Mi papá se encargó de que fuera así. Yo lo adoro, y le estoy muy agradecida. Mis hermanos dicen que soy la preferida de los tres.

—¿Y tú qué piensas?

—No sé si es así… tenemos una relación difícil.

Silencio.

—¿De qué murió tu mamá?

Se sorprende ante el cambio de tema. Se incomoda.

—En un accidente.

—¿Qué tipo de accidente?

—No lo sé. Un día mi papá llegó, nos reunió en el comedor y nos dijo eso. Todo fue muy raro.

—¿Por qué?

—Porque es así. Mamá se fue de casa en la mañana, y en la noche estaba en un cajón. Mi padre no quiso llevarnos al velorio, dijo que no era un lugar para niños. Al otro día nos dejó con mi tía para ir al entierro y no quiso hablar más del tema. Ni siquiera nos dijo dónde la habían enterrado, y tuve que entender.

—¿Qué tuviste que entender?

—Que la gente se muere. Desde ese día, cambió todo.

—¿En qué sentido?

—Él siempre había sido alegre, cómplice, pero, a partir de esa noche, se oscureció. Como si también hubiera muerto un poco con ella. Estaba enojado todo el día y casi no hablaba. Creo que nunca pudo superar su muerte.

Le doy unos segundos.

—La quería mucho.

—No sé.

—Juliana, veo que hay muchas cosas que no sabes. No sabes cómo fue el accidente que causó la muerte de tu mamá, no sabes si tu papá la quería, ni siquiera sabes en qué cementerio está. ¿No te parece raro?

—Puede ser. Al principio, mis hermanos y yo le preguntamos cómo había sido todo, dónde estaba enterrada y esas cosas, pero se ponía tan mal que decidimos no insistir con el tema. No te voy a mentir. En algunos momentos sentí la necesidad de llevarle una flor, o pararme frente a su tumba. Sé que ella no está ahí, pero igual me hubiera gustado.

—¿Y por qué no lo haces ahora?

—Porque no sé si tengo ganas de poner a mi papá en esa situación después de tanto tiempo. ¿Tú qué piensas?

—Juliana, esa decisión es tuya. Lo único que puedo decirte es que tienes derecho a saber cómo murió tu mamá y dónde está. Tú, con ese derecho, haz lo que quieras.

Unas semanas después, mientras hablábamos de su estudio, reapareció el tema de su madre.

—¿Sabes? Mi mamá también era universitaria.

—Cúentame.

—Sí. Era arquitecta… o algo así.

—No entiendo. ¿Era o no era arquitecta?

—Sí, pero no.

—Sigo sin entender.

Resopla.

—Ella terminó la carrera, pero no llegó a tener el título porque murió antes de que se lo entregaran. ¿Viste que tardan como un año en dártelo?

—Sí, lo sé.

Piensa.

—Pobre. Se mató estudiando y no pudo disfrutar de su título…

—Juliana —la interrumpo—. Tu mamá no se mató estudiando. Se mató en un accidente que tú no tienes ni idea de cómo fue, ni qué pasó.

—Veo que insistes con ese tema.

—No. No soy yo el que insiste con el tema; es el tema el que insiste en aparecer en este análisis. Tú dijiste que tu mamá se mató, no yo.

—Quise decir otra cosa.

Me callo. Es casi psicóloga y no necesito explicarle el lugar que la palabra tiene en análisis. En cambio, le pregunto.

—¿Y no será por eso que tú no te recibes?

Gira en el diván y me mira.

—Ahora la que no entiende soy yo.

—Quiero decir que, según tus dichos, tu mamá se mató estudiando, y también se mató antes de recibir el diploma. Se ve que, no importa cómo uno se mate, en tu familia nadie tiene derecho a recibir un título. Pero tú puedes cambiar esa historia. Tú no eres tu mamá. No hace falta que te mates estudiando, como ella, pero puedes esforzarte para conseguir lo que deseas. Y que termines la carrera no implica que el título que vas a recibir sea la muerte.

Trabajé con intensidad para que se comprometiera con su estudio, y así lo hizo. Sin embargo, como Juliana temía, a los cinco meses la corrieron del trabajo y, aunque no fue una sorpresa para ella, se angustió mucho cuando se lo notificaron.

Se sentía abrumada, sola, responsable de su hijo y con una carrera que, ahora, por cuestiones económicas, no sabía si podía seguir sosteniendo.

Durante este tiempo, yo había advertido que, después de su hijo, la facultad era el lugar donde jugaba su deseo, lo único que la ligaba a la vida. Por eso, defendí ese espacio que consideraba crucial para ella.

Juliana tenía unos pocos ahorros que le permitieron vivir un tiempo sin apremios; tiempo que dedicó con pasión a su carrera. Al llegar el mes de diciembre, no podía creer que, en ese año, no solo había aprobado todas las materias, sino que, además, pudo presentar los finales que tenía pendientes.

—¿Te das cuenta de que si sigues a este ritmo en un año podrías ser psicóloga?

—¡Ay, no me lo digas así que me da vértigo!

—Pero es la verdad. —La noto entusiasmada—. ¿Qué es lo primero que vas a hacer cuando tengas el título?

Se toma unos segundos antes de responder. De pronto, se pone seria.

—Me gustaría llevárselo a mi mamá. Sé que no va a verlo, pero es como algo simbólico.

—Me parece bien. Pero, para hacerlo, primero vas a tener que saber dónde está.

—Ya sé. Estuve pensando mucho en eso.

—¿Y a qué conclusión llegaste?

—Voy a hablar con mi papá, pero no va a ser fácil.

—¿Por todo lo que le cuesta el tema?

—Sí, y, además, porque nunca está solo.

—¿Y con quién está?

—Con la novia de turno.

—¿Cómo es eso?

—Bueno… —suspira—. Algún día tenía que hablarlo. Mira, mi padre es un tipo atractivo, así que siempre tuvo mucho pegue.

—¿Cómo sabes eso?

—Porque nunca fue muy discreto. Al poco tiempo de que mamá murió, nos llevaba a cenar con alguna «amiga», después con otra, y así fue siempre. Unas le duraban un par de meses, otras unas semanas —se interrumpe—. Es un horror.

—¿Qué es «un horror»?

—Mi papá. Es un desastre. Nunca fue cuidadoso. Traía mujeres a casa sin importarle que estuviéramos nosotros, dormía con ellas y, a la mañana, nos encontrábamos con una desconocida en la cocina preparando el desayuno. Y después, de un día para otro, desaparecían de nuestras vidas sin que él nos dijera una sola palabra.

—Juliana, por lo que veo, a tu papá siempre le costó hablar de las mujeres. No habló de tu mamá, de su accidente, de cómo murió ni dónde está; tampoco habló de sus novias, o amantes.

—Tal cual. ¡Qué loco! Él tantas y yo ninguno.

—¿Cómo ninguno?

—Bueno, sí, Ernesto, el papá de Seba. Pero nadie más.

—¿Él fue tu única pareja?

—No solo eso. Fue mi único hombre.

—Háblame de eso.

—Lo conocí cuando él iba en segundo de prepa y yo en segundo de secundaria. Me enamoré desde que lo vi, y empecé a soñar con estar con él. Era imposible, porque yo era una niña. Sin embargo, se fijó en mí y comenzamos a salir. Fue la etapa más feliz de mi vida. Después, cuando se recibió, me dejó.

—Otra vez el recibimiento y la muerte.

Asiente.

—Sí. Muchos años después nos reencontramos, por casualidad. Yo ya no era una niña, y él seguía siendo el hombre de mi vida. Nos hicimos novios y nos casamos.

—¿Y en qué momento el hombre de tu vida se transformó en un tonto?

Sonríe.

—Eso vino más tarde. Con el tiempo me fui dando cuenta de que todo había sido una ilusión mía… Ernesto no era la persona que yo creía. Era débil, temeroso, cobarde, incluso. Alguien que no podía hacerse cargo de nada. ¡Qué bárbaro!… Yo tenía tantas esperanzas de ser feliz con él, pero no salió. ¿Ves cómo es mi vida? A mí nunca nada me sale bien.

Juliana acaba de pronunciar un mandato siniestro, una de esas frases que, desde el inconsciente, le marcaban un destino de dolor: «A mí nunca nada me sale bien». Y contra ese mandato debíamos pelear.

Meses después comenzaron a aparecer los problemas económicos. Como siempre, su primera opción fue dejar la facultad. Me opuse con firmeza. Hay quienes piensan que un analista no debe ser directivo, que esa es una facultad de otras líneas terapéuticas. No es así. Un analista tiene no solo el derecho sino el deber de señalar a su paciente que está a punto de realizar un acto que puede perjudicarlo. Y eso hice.

—De ninguna manera, Juliana. Tú no vas a dejar la facultad.

—¿Y qué quieres que haga, que salga a robar?

—No. Habla con Ernesto y dile que necesitas que comience a pasar una cuota alimentaria. Diez años de gracia fueron bastante, ¿no te parece?

—No puedo. Ya te dije que es como si estuviera muerto.

—Pero no lo está. Tu mamá está muerta. A ella no pudiste pedirle nunca nada, pero Ernesto está vivo. Sebastián es su hijo y tiene que hacerse cargo. —La miro. Está tensa, negada al tema—. ¿Sabes qué pienso? —continúo—. Que, inconscientemente, tú lo pusiste en el lugar de tu madre, entonces, es un muerto al que no se le puede pedir nada. Y tú, en cambio, te identificaste con tu papá y eres la madre que tiene que poder sola con sus hijos. Y lo mismo te pasa con los hombres.

—¿Qué tienen que ver los hombres con esto?

—Mucho. Porque, en esa identificación con tu padre, terminas actuando como él.

—¿Qué dices? Si mi papá tuvo una colección de mujeres.

—¿Ah, sí? Y dime: ¿cómo se llaman? ¿Cuántos años tienen? ¿Dónde están en este momento? —Silencio—. Juliana, tener tantas es lo mismo que tener ninguna, porque no hay nadie que ocupe un lugar en su vida. —Pausa—. Tú me dijiste una vez que era como si tu papá se hubiera muerto con tu madre, ¿te acuerdas?

—Sí.

—Bueno, tú te identificaste con ese lugar del muerto, y por eso, te condenaste a una vida oscura. Sin pareja, sin amor, sin título, sin amigos, sin placer. Y creo que es momento de cambiar eso. Ni Ernesto ni tu papá están muertos. Así que los vas a tratar como se trata a los vivos en este caso.

—¿O sea?

—Primero, le vas a exigir al padre de tu hijo que cumpla con su deber y te pase el dinero que corresponde.

—¿Y después?

—Después hablas con tu papá. Tú me dijiste que tiene una «empresita» que le permite vivir muy bien, ¿no?

Juliana averiguó dónde estaba enterrada su mamá y decidió visitarla. Llevó también a Seba, le dijo que allí estaba su abuela, y le contó muchas cosas lindas que recordaba. Fue un día muy importante para ella.

A las dos semanas, vino con los últimos estudios. No iban a hacerle nada más. El cáncer había ganado.

Aquella fue nuestra última sesión en el consultorio.

—Me duele saber que no voy a volver a ver este lugar, y que no voy a hablar más contigo.

—Eso no va a pasar —la interrumpo—. Vamos a seguir el análisis en tu casa. Yo voy a ir todas las semanas, te lo prometo.

—¿Para qué?

Me hiere su pregunta.

—¿Como, para qué? Porque estás viva, porque tienes muchas cosas de las que quieres hablar, y no voy a dejarte sola. —Se queda callada y niega con la cabeza—. Escúchame, Juliana. En nuestra primera sesión, cuando hablabas de tu trabajo, me dijiste que iban a correrte, que te quedaba poco tiempo, ¿te acuerdas?

—Sí.

—Bueno. Ahora sí te queda poco tiempo y, mientras sea tu analista, no voy a dejar que lo desperdicies teniéndote lástima. Tenemos que seguir. ¿Para qué? Porque todavía hay un montón de recuerdos que puedes dejarle a Seba, a tus hermanos… y a mí.

—¿A ti?

—Sí. Tengo la imagen de una Juliana luchadora que aprendió a arriesgarse por lo que quiere. Y me voy a quedar con esa imagen. Tú no vas a terminar este viaje antes de tiempo.

Asiente y se levanta del diván. Se para frente a mí. Ambos sabemos que no volveremos a vernos allí. Sin embargo, me sonríe.

—¿Qué pasa? —le pregunto.

—Cuatro tratamientos diferentes me hicieron. Tenía que curarme con el primero, pero no sucedió. Tampoco con el segundo, ni el tercero, ni el cuarto. Tenía tantas esperanzas de que iba salir bien de esta, tantas chances de vivir, y no pudo ser. —Intenta una última sonrisa, que no le sale—. Qué mala suerte, ¿no, Gaby?

Me doy cuenta de que no puedo responder. Tengo la garganta cerrada y siento cómo surgen unas lágrimas. La miro de frente y asiento.

—Sí, Juli, sí… qué mala suerte.

Se arroja a mis brazos y se queda llorando un largo rato. Cuando se va, lloro yo.

Durante dos meses la atendí en su casa. Me esperaba en la cocina, me invitaba un café y conversábamos.

Un día, cuando llegué, me hicieron pasar al cuarto. Ya no podía levantarse. Estaba demacrada y le costaba hablar. Sentí en mi interior que esa sería nuestra última charla, y tuve ganas de decirle algunas cosas.

—Juli, una vez, hace mucho, me dijiste que no eras necesaria, que lo que tú hacías lo podía hacer cualquiera, ¿te acuerdas?

—Sí.

—Quiero decirte que te equivocaste. Eres necesaria, y nadie va a poder hacer las cosas como tú. Nadie va a ocupar tu lugar en la mesa, porque siempre será tuyo. No pasaste por esta vida sin dejar huella. Lo sé. Te aseguro que Seba te va a llevar en su corazón y tu familia también.

Me mira con ternura.

—¿Y tú?

—¿Yo qué?

—¿Tú también te vas a acordar de mí?

—Siempre. —Se ríe—. ¿Qué pasa?

—Me gustaría ser uno de tus casos.

—¿Qué dices?

—Que me gustaría ser una de esas historias que escribes. Que la gente sepa que existí, que amé, que tuve miedo… ¿me lo prometes?

Dudo.

—No me pidas eso. No sé si voy a poder hacerlo.

—Está bien. Pero me guardo la esperanza de que así sea. —Respira con dificultad. —En nuestra segunda sesión te dije que ya había hablado contigo de pie, sentada y acostada, y te pregunté dónde sería la próxima vez. Tú me dijiste que en ningún otro lugar. Te equivocaste. Ya hablamos en mi cocina, ahora en mi cama…

—Tienes razón, me equivoqué.

Pausa.

—¿Te acuerdas que una vez te dije que creía que existía otra vida?

—Sí.

—Sé que tú no lo crees. Ojalá te equivoques también en eso. Si es así, tú y yo vamos a volver a hablar… en otra vida.

Nos quedamos en silencio hasta que me incliné y me despedí con un beso. Ella, con las pocas fuerzas que le quedaban, me abrazó. Como la primera vez en el café, con la misma sonrisa. Me levanté y caminé hacia la puerta.

—Gaby —me llamó. Me di la vuelta para mirarla—. Te voy a extrañar.

Asentí conteniendo el llanto.

—Yo también, Juli. Yo también.

Juliana murió seis días después.

Fue una mujer maravillosa. Una mujer que dejó huella.

Tuvo esperanza de ser feliz con Ernesto, y no pudo. Tuvo esperanza de vivir de la psicología, y tampoco. Tuvo esperanzas de volver a amar y de sanar de su enfermedad. Nada de esto ocurrió.

En aquel momento yo también me esperancé con su curación, pero, al final, el mandato pudo más que su deseo y el mío: «A mí nunca nada me sale bien».

Jamás pensé escribir su historia, pero hoy tuve ganas de recordar su risa y sus abrazos. Sin pensarlo, le di el gusto, cumplí con su deseo. No creo en otras vidas. Pero si, como ella quería, yo estuviera equivocado, en algún lugar debe de estar riendo. Aunque, no voy a negarlo, no tengo ninguna esperanza de que así sea.

Falacia de la atracción

Desde hace un tiempo se instaló en la cultura una idea que tiene poco de ciencia y mucho de magia: la ley de atracción.

Según esta teoría, las emociones y los pensamientos que alguien tiene, tanto conscientes como inconscientes, actúan sobre la realidad externa de tal manera que atraen aquello que esa persona desea. El basamento lógico sería que la energía que los sentimientos generan vibra en armonía con lo deseado y provoca que eso venga hacia nosotros.

No es una concepción novedosa. En 1890, James Frazer publicó un libro extraordinario, *La rama dorada*, donde propone un estudio comparativo entre la religión y la mitología. Se trata de una investigación seria e interesante. En varios párrafos, Frazer da cuenta de un comportamiento que encontró en algunas tribus, al que denominó *magia homeopática*. La magia homeopática promovía una serie de conductas específicas: todo aquel que deseara algo debía comportarse como si ya lo hubiera conseguido.

Por ejemplo, un padre que desea que su hijo salga del hospital en el que está internado, debe ir hasta la cama del niño, sentarse en ella, contar un cuento, como si el hijo estuviera ya de vuelta en la casa y pudiera oírlo, prepararle el desayuno por la mañana, y cualquier actitud que suponga que lo anhelado ya aconteció. Al decir de los brujos, estos comportamientos producían una conexión entre la persona y su deseo que hacía que este deseo se hiciera realidad. Es decir que, de alguna manera, la esperanza atraía aquello que se deseaba.

No es cierto.

Es verdad que quien desea mucho algo tiene más posibilidades de conseguirlo, pero no porque la esperanza lo atraiga, sino porque ese deseo pone al sujeto en movimiento y lo dirige hacia lo que quiere conseguir.

Como dijimos, la esperanza es una variante del deseo que se caracteriza por la ignorancia y la impotencia. Es la que llevaba a los hombres y las mujeres de la Edad Media a no hacer nada, lo que lleva a Sarah a suspender su vida.

Baruch Spinoza, a diferencia de Platón, sostuvo: «El deseo no es carencia, el deseo es potencia». Ese es el deseo que moviliza a alguien en pos de sus sueños. El deseo que no ancla en el silencio doliente de la pulsión de muerte, sino en la energía libidinal que empuja hacia el logro de los proyectos.

Cuentan los mitos que cuando Dédalo, el arquitecto, el inventor, tuvo que abandonar Atenas luego de asesinar a su sobrino, fue bien recibido en la ciudad de Creta, y quedó al servicio del rey Minos.

Cierta vez, Pasífae, esposa de Minos, tuvo un romance con Poseidón, hermano de Zeus y dios del mar, quien, para poseerla, tomó la forma de un hermoso toro blanco. Como fruto de ese encuentro, Pasífae dio a luz a una criatura monstruosa: el Minotauro. Un ser con cuerpo de hombre y cabeza de toro.

Ante esta situación, el rey Minos ordenó a Dédalo que construyera un sitio donde poder encerrar a la bestia. Después de pensarlo, el arquitecto diseñó un lugar del cual era imposible escapar, el laberinto, y allí arrojaron al Minotauro. Sin embargo, debían encargarse de él. El inconveniente era que el monstruo se alimentaba de carne humana. Para conseguirla, Minos exigía que los atenienses le enviaran seis jóvenes y siete doncellas que eran empujados dentro del laberinto para que el Minotauro saciara su hambre.

Al ver la angustia que su pueblo sentía cada vez que debía entregar el tributo a Minos, Teseo, príncipe de Atenas, se ofreció a ir en persona para terminar con la bestia. Cuando llegó a Creta, Ariadna, hija de Minos, se enamoró de él y le propuso un plan. Ella lo ayudaría a salir del laberinto una vez que Teseo matara a su hermano, el Minotauro. A cambio, el héroe debía casarse con ella y llevársela a Atenas.

Teseo aceptó la propuesta. Entonces, Ariadna le dio a su prometido un ovillo de hilo que ataron a la puerta del laberinto (el famoso hilo de Ariadna). Confiado en hallar la salida, Teseo se adentró en los dominios del Minotauro y, cuando por fin lo encontró, lo mató a golpes. Luego, recogió el hilo que la princesa Ariadna le había dado y así logró salir del laberinto. Una vez fuera, partió rumbo a Atenas llevándose a la joven. Enterado de lo sucedido, el rey Minos, enfurecido, castigó a

Dédalo arrojándolo al mismo laberinto que él había diseñado. Para que su pena fuera mayor, encerró junto a él a su hijo, Ícaro.

Ícaro es joven y no se resigna a morir allí. Recorre cada pasillo, tropieza en cada esquina, empuja cada puerta, y nada. Así una y otra vez, hasta que su fe comienza a desaparecer y surge una nueva sensación. Comte-Sponville lo dice de esta manera: «De improviso una extraña serenidad lo sobrecoge. La angustia que, en el extremo de sí misma, se anula. La desesperanza».

Es una hermosa imagen. Ícaro comprende que no hay modo de encontrar la salida, que es inútil seguir intentándolo, pierde toda esperanza y se relaja. Pero ese estado no es una entrega a la muerte. Por el contrario, sabiendo que no hallará la puerta, se siente invitado a encontrar otra solución.

El día viernes 13 de octubre de 1972, un avión de la fuerza aérea uruguaya con 45 personas a bordo chocó contra la cordillera de los Andes. Sin embargo, no todos murieron en el accidente. Los que pudieron sobrevivir se vieron ante el desafío de enfrentar el frío, el miedo, la sed y el hambre.

Al principio estaban convencidos de que pronto llegarían a socorrerlos. Salían por las mañanas a calentarse al sol, y se sentaban a esperar a que llegaran los helicópteros de rescate. Pero las horas pasaban, las noches pasaban, y eso no ocurría.

El décimo día después del accidente, uno de los jóvenes pidió a todos que le prestaran atención.

—Tengo una muy buena noticia para darles. Acabo de escuchar en la radio que nos dieron por perdidos. Ya no nos buscan más.

La mayoría reaccionó con angustia, con enojo ante sus palabras. ¿Qué podía tener de «buena» esa noticia? El mismo joven respondió a esa pregunta.

—La buena noticia es que ya no tenemos que esperar nada. O nos salvamos nosotros o no nos salva nadie.

Y así fue como empezaron a pensar la manera de escapar de aquel laberinto de nieve.

Por fin, un grupo de expedicionarios emprendió la marcha en busca de ayuda. Después de pasar por situaciones indescriptibles, llegaron a la cima. Entonces, comprobaron que estaban en medio de la cordillera. No importaba hacia dónde miraran, solo había montaña y nieve.

Uno de ellos, Roberto Canessa, se arrodilló y se puso a llorar.

—Vamos a morir —sentenció.

El otro, Fernando Parrado, asintió.

—Puede ser. Pero si es así, yo voy a morir caminando.

Los jóvenes siguieron adelante, venciendo lo invencible, hasta que por fin llegaron a la civilización y consiguieron ayuda. Poco después, helicópteros de la fuerza aérea chilena volaban hacia los Andes en busca de los sobrevivientes. Como consecuencia del valor y el esfuerzo de los dos expedicionarios, 16 de los 45 pasajeros regresaron con vida después de 72 días en un infierno de hielo. Un infierno nórdico.

Me interesa remarcar dos momentos cruciales en que comenzó a gestarse lo que se llamó «el milagro de los Andes», la tragedia que dio origen a la película *¡Viven!* Momentos que aparecen dibujados en dos frases.

La primera señala el instante en que renuncian a la esperanza: «Tengo una muy buena noticia para darles… ya no nos buscan más… o nos salvamos solos o no nos salva nadie».

La segunda marca la decisión de sostener el deseo a pesar de las dificultades: «Puede ser que muera. Pero de ser así, moriré caminando».

¿Qué habría sido de ellos si hubieran apostado a la esperanza de que irían a rescatarlos? En cambio, la pasión por vivir los llevó de la mano y los hizo escalar, descender, enfrentar el frío, el riesgo, el hambre y los precipicios.

La esperanza nos lleva de la ilusión al desengaño, del temor a la fe, de la fe al dolor. Ese es el verdadero laberinto sin salida.

Por eso, Comte-Sponville imagina que, cuando perdió la esperanza, Ícaro quedó libre de angustia y presto a jugar su pasión por salir.

Habló con Dédalo, su padre, quien ideó un modo de escapar. Ya que no podían hacerlo encontrando la salida, deberían huir por arriba. Juntó algunas plumas con las que fabricó unas alas para él y su hijo y las pegó con cera. Así, ambos pudieron volar por encima del laberinto y lograron salir. Aunque la historia no tuvo un final feliz.

Desoyendo los consejos de su padre, Ícaro voló demasiado alto y se acercó de modo excesivo al sol, el cual derritió la cera que lo unía a sus alas. Ícaro cayó al mar y murió. Sí, murió, pero no esperando tontamente que alguien lo rescatara del laberinto. Siguiendo el ejemplo de Parrado, podríamos decir que, de algún modo, Ícaro murió caminando.

Es cierto que la esperanza, como hemos dicho, tiene muy buen *marketing*, sin embargo, no es verdad que conduzca a la felicidad. Por el contrario, entre la felicidad y la esperanza hay una relación de exclusión. No es posible ser feliz cuando estamos esperanzados. El costo de la felicidad es la desesperación. Es decir, la posibilidad de hacerse cargo del deseo, luchar por él y disfrutar de lo conseguido.

La palabra *desesperación*, por un lado, remite al arrebato pleno de angustia, y, por otro, alude a la pérdida de esperanza. Es en este sentido que la utilizo en este libro.

El enigma de la felicidad

La felicidad es un tema que siempre desveló a la humanidad, quizá porque nos parezca que algún sentido tiene que tener la vida. Es angustiante la idea de pasar por el mundo como si nada y para nada. Es la angustia de Juliana al pensar que su hijo la olvidaría. Borges deslizó la idea de que alguien muere realmente el día que muere la última persona que lo recordaba. Podemos dar cuenta de que es así. Cuántas veces, ante alguna situación, hemos hecho los siguientes comentarios: «qué contento estaría el abuelo si te viera» o «¿sabes lo que te hubiera dicho mi papá?».

¿Y por qué sabemos que ese abuelo se hubiese alegrado o ese papá hubiera hecho tal o cual comentario? Porque viven en nosotros. Porque esas voces recorren nuestra sangre y nos murmuran palabras que guían nuestra vida, para bien o para mal.

Así lo dijo San Agustín: «Aquellos que amamos y perdimos ya no están donde estaban. Ahora están donde estamos nosotros».

Entonces, ¿nos morimos y qué?

Es, quizás, la más profunda de las interrogantes, porque apunta al misterio que nos envuelve y en medio del cual debemos existir. Detrás de esa pregunta subyacen otras que son, en definitiva, las que obsesionan a filósofos y científicos desde el comienzo de los tiempos. ¿Existe Dios? ¿El universo tiene alguna finalidad? ¿Hay vida después de esta vida? ¿Tiene algún orden el mundo? O, lo que es lo mismo, ¿vivimos en un universo justo?

Como señalamos, ser un sujeto humano es muy difícil, ya que somos seres imperfectos en un cosmos perfecto, seres que se apagan en un mundo que se expande, seres que mueren, y lo que es más importante, conscientes de esa finitud. Tal vez por eso todos, en alguna medida, buscamos la felicidad.

Cierta vez le preguntaron a Jorge Luis Borges qué era la felicidad. Respondió que, si en todos los idiomas se habían tomado el trabajo de inventar la palabra, era probable que la cosa también existiera. Años después, en otro reportaje que le hicieron cuando ya era muy grande, confesó que, de joven, él creía que la felicidad era tan ardua y difícil como la belleza. Sin embargo, ahora pensaba que no era así. Después de todo —sostuvo— a lo largo de un día todos hemos estado tantas veces en el cielo y el infierno.

Lo cierto es que la cuestión ha desvelado a las mentes más lúcidas. Al respecto, hay tres frases perturbadoras que leí hace tiempo.

La primera de ellas pertenece a Albert Camus: «Los hombres mueren, y no son felices».

¿Por qué no son felices? Porque, mientras viven, están pensando en otra cosa. Porque olvidan que este es el único tiempo posible, niegan la muerte, se distraen en actividades intrascendentes y se entregan a una vida «inauténtica» —como diría Heidegger— sin pensar que, en breve, no habrá tiempo para amar, para pedir perdón o arriesgarse por un sueño. Se echan a hablar por hablar, ceden a la charlatanería, a esa palabra vacía que no lleva nada de ellos mismos, a esas charlas que, generalmente, se dan en lo que llamamos momentos divertidos. Otra palabra con muy buena prensa.

El vocablo *divertir* proviene del latín y significa «alejarse, girar en dirección opuesta, entretenerse, desviarse de algo penoso».

¿De qué nos alejamos? ¿Ante qué tema penoso preferimos mirar para otro lado? Pienso que ese tema tiene que ver con el vacío, el abismo de la finitud. Se da entonces una paradoja: para evitar algo que angustia, desviamos la mirada y renunciamos a ser protagonistas de nuestra propia vida, lo que termina produciendo una existencia sin sentido.

Para acceder a la felicidad hay que asumir el concepto de *eternidad*. Recordar la pregunta de Elsa a Fred: «¿Te importaría mucho morirte aquí, ahora, a mi lado?».

Es el cuestionamiento inquietante que introduce Nietzsche ante la posibilidad de lo que llamó «el eterno retorno»: si estuviéramos destinados a vivir esta misma vida una y otra vez repitiendo cada detalle hasta el fin de los tiempos, ¿querríamos que así fuera? ¿Nos gusta cómo estamos viviendo? ¿Nos sentimos orgullosos de lo que construimos día tras día?

El escritor francés Louis Aragon, en su poema «No hay amor feliz», despliega una frase desgarradora: «El tiempo de aprender a vivir ya es demasiado tarde». Algo parecido dijo Montaigne: «Nos enseñan a vivir cuando la vida ya ha pasado».

¿Tienen razón Aragon y Montaigne? ¿Es cierto que ya es demasiado tarde para aprender a vivir, que la vida ya pasó?

Preguntas y más preguntas. Preguntas apasionadas.

De eso se trata el análisis. No de respuestas, sino de preguntas. Las que traen al paciente al consultorio, y las que se generan en el transcurso del tratamiento. Como señalan los versos de Alejandro Dolina:

> Respuestas de la muerte
> vivir es preguntar.

La pregunta abre mundos, la respuesta, en cambio, obtura. A no ser que, como ocurre en análisis, sea el punto de partida de un nuevo cuestionamiento.

La segunda de las frases que quiero rescatar pertenece a Miguel Hernández, ese hombre que sufrió la cárcel por oponerse de modo apasionado al régimen franquista. El mismo de quien Pablo Neruda dijera: «Pocos poetas tan generosos y luminosos como el muchachón de Orihuela cuya estatua se levantará algún día entre los azahares de su dormida tierra».

Yo era un adolescente cuando leí esos versos por primera vez, y supongo que muchos los conocerán porque pertenecen a un poema que musicalizó Joan Manuel Serrat. Es una frase breve y directa: «Tanto penar para morirse uno».

Hernández y esa reflexión que agrieta el espacio por donde surge una pregunta nueva: ¿no es posible vivir sin penar tanto? ¿Será, entonces, la felicidad el anhelo por detener ese penar incesante?

Y otra vez la muerte marcando que el tiempo tiene fin.

El tiempo es la única variable que el ser humano no puede manejar; no puede acelerarla, lentificarla, ni detenerla. Es ese molusco que se estira y se comprime de modo caprichoso generando registros distintos. «Se me pasó volando», dice alguien luego de dos horas de disfrute. En cambio, si se trata de un momento de dolor, dirá que esas horas «no pasaban más».

Lo cierto es que no podemos más que transitar el tiempo de la mejor manera posible. A veces no lo logramos porque nos abruman el pasado o el devenir.

Cierta vez, el discípulo de un maestro zen se quejaba porque le habían encargado pelar una gran cantidad de papas para la comida de sus hermanos. Al verlo contrariado, el maestro se le acercó y dijo: «No entiendo por qué te quejas si no tienes que pelar más que una. Por alta que sea la montaña de papas, las papas siempre se pelan de una en una».

Otra vez la importancia del presente. ¿Te importaría mucho morir en este momento? Otra vez Elsa. Otra vez la eternidad.

El mejor modo de enfrentar la incertidumbre y el temor al paso del tiempo es esforzarse por vivir eternamente: estar donde queremos estar y amar lo que estamos haciendo.

Sé que a veces no es posible. No soy tan iluso como para creer que todos hacen lo que quieren. Vivimos en una sociedad difícil donde un alto porcentaje de personas deben trabajar en algo que no les gusta para subsistir. Son pocos los que pueden llevar adelante su pasión y vivir de ella. Sin embargo, hay que intentar darle lugar a esa pasión, aunque sea por momentos breves.

Nuestro tiempo es acotado, y debemos hacer lo posible para recorrerlo con una sensación de eternidad. Tal vez no sea la felicidad, pero se le parecerá bastante.

La última de las frases, quizá la más cruel, me llegó de la voz de Blaise Pascal: «Todos los hombres, sin excepción, buscan la manera de ser felices. Incluso aquellos que se ahorcan».

¿Es así? ¿Es la pasión por detener el dolor lo que lleva a que alguien se quite la vida? En cuyo caso, ¿la ausencia de dolor es la felicidad? ¿Es, entonces, la pulsión de muerte una manera equivocada de buscar esa felicidad?

Nuestra psiquis no es una unidad. No somos «individuos» (indivisos). Por el contrario, somos sujetos escindidos, divididos, y ambivalentes. Entonces, ocurre, muchas veces, que lo que es placentero para una parte de nosotros, resulta doloroso para otra. Lo mismo que satisface a la pulsión de muerte, lastima los aspectos más sanos de nosotros. Por eso es tan difícil ser feliz.

Sin embargo, tanto Camus, como Hernández y Pascal, aluden a la felicidad como algo que habría que conseguir. ¿Por qué? Porque no somos eternos, porque no tenemos tiempo.

Lejos del cielo

En el tomo uno de su *Enciclopedia de Historia argentina*, José María Rosa cuenta que, antes de que llegaran los españoles, la llanura pampeana estaba habitada por nativos que se llamaban a sí mismos *het* —la gente— aunque los invasores los bautizaron *pampas*.

Aquellos primeros habitantes de nuestra patria no solo eran valientes, sino ingeniosos. Lejos de ser básica y simple, su cosmovisión tenía una poesía que rima con los mitos clásicos e, incluso, con las religiones judeocristianas.

Cuentan que un día su dios, Chachao, se encontraba aburrido en la inmensidad celeste y decidió bajar a la Tierra. Para hacerlo, tomó la vía láctea, «el camino del cielo». En esa época, el mundo era todavía una zona anegada y lluviosa.

Cuando llegó a la Tierra, Chachao, el Indio Viejo, se puso a jugar en el barro y, casi sin darse cuenta, moldeó unas figuras a las que insufló vida con un soplo y, de ese modo, creó a los animales.

Mientras jugueteaba, vio su imagen que se reflejaba en la laguna y se le ocurrió reproducirla. Hizo, entonces, unas estatuillas a las que vistió como él, con poncho y chiripá. Pero esos muñequitos de barro no eran una imagen exacta del dios, porque, para reírse de sí mismo, les dio un aspecto caricaturesco. Pero, lo que parecía un momento de diversión, de pronto se transformó en tragedia.

Al parecer, el ñandú quiso subir al cielo y aprovechó que el Indio Viejo estaba distraído para correr hacia la Vía Láctea, aunque solo pudo dar unos pocos pasos porque, al advertirlo, Chachao le arrojó sus boleadoras y lo detuvo. Asustado, el animal desanduvo sus pasos y volvió a la Tierra. Sin embargo, quedaron en el cielo las huellas barrosas de su aventura. Los tres dedos y el garrón se grabaron en el firmamento. La cruz del sur.

Mientras Chachao se encargaba de esto, sigilosamente, su hermano Gualicho, una especie de Loki criollo, descendió a la Tierra e insufló vida a aquellos muñecos de dos patas que el Indio Viejo había diseñado a modo de broma. De golpe, esos monigotes de barro cobraron vida y comenzaron a comportarse como si fueran dioses. Al ver esto, los hermanos se horrorizaron. Chachao volvió corriendo al cielo y cortó la Vía Láctea con su cuchillo de piedra para evitar que las criaturas subieran. Roto el camino que llevaba a lo alto, Gualicho —el demonio— quedó condenado a vagar por la Tierra para siempre.

«Desde entonces, este clama misericordias en las noches de tormenta con su voz de trueno, cuando ve el rayo de su hermano en el cielo».

En busca de perdón, Gualicho intenta destruir a los monstruos a los que dio vida con su aliento enviando enfermedades, guerras y hambre.

El diablo teme al hombre; solo ver su rostro ridículo le causa horror. Para defenderse de él, se esconde en lo oscuro de los montes, solo sale por las noches, e intenta hacerse temer por ellos.

De aquella mezcla de travesura y equivocación nacieron los hombres. Hechos por la mano de Dios y el aliento del diablo. Pulsión de vida y pulsión de muerte.

Según los pampas, la lucha del sujeto humano y su demonio no cesará nunca. Según el Psicoanálisis, tampoco. Y así como Zeus dejó a Ate, el error, en el mundo humano, Chachao se desentendió de nosotros y volvió a su reino dejándonos en manos del demonio.

Tal vez por eso, la felicidad sea algo tan difícil de lograr. Como dijo Sigmund Freud, no parece formar parte de los planes del universo que el hombre sea feliz. Así lo pensaron los griegos. También los *het*.

De todos modos, tenemos el derecho de intentarlo.

¿Qué es la felicidad?

Hace poco, durante una charla, pedí a algunas personas que dijeran qué los haría felices. Les costó responder, cosa que no me asombró, porque, aunque casi todo el mundo cree anhelar la felicidad, muy pocos son capaces de definir de qué están hablando.

Cuando por fin contestaron, uno de ellos se refirió a la salud de su padre, otro a la posibilidad de encontrar el amor y un tercero al dinero. Immanuel Kant sostuvo que el concepto de felicidad es «tan indeterminado que, aunque todo el mundo desee conseguirla, nadie puede decir de forma definitiva y firme qué es lo que realmente desea y persigue».

¿Es la felicidad la anulación del dolor? Si bien es el mayor anhelo de quien sufre, parece muy poco pretencioso confundir la felicidad con el fin del sufrimiento. Si fuera así, Pascal tendría razón: hasta los suicidas estarían buscándola.

No son pocos los que, inconscientemente, piensan de esta manera. A veces, cuando algún paciente, después de una crisis con su pareja, manifiesta que «ahora están bien», debo preguntar: «¿Están bien o no están mal?», para entender cuál es la situación verdadera. Porque muchos confunden estar bien con no estar mal, y no estar mal con ser feliz. Pero la felicidad es otra cosa.

El escritor Jean-Jacques Rousseau presiente, de algún modo, la idea que años más tarde desplegó Freud. Según Rousseau, no era factible concebir «la idea de la felicidad total como un hecho posible en la tierra». Por el contrario, sostuvo que apenas si podemos esperar alcanzar «una felicidad pobre, incompleta y relativa».

Según él, solo el ser humano primitivo puede encontrar la felicidad plena, porque «sus necesidades están en armonía con sus deseos». Es decir, porque lo que encuentra es exactamente lo que busca.

De esta manera, Rousseau confunde el deseo con la necesidad, pero no son la misma cosa. Para nosotros, seres de la palabra, la necesidad está perdida para siempre.

Desde el momento en que llegamos a la vida comprendemos que todo lo que necesitamos debemos pedirlo. Al principio con un llanto o un grito, más tarde con gestos, y luego con palabras. De eso se trata ser un sujeto humano, y quien no lo entiende, no puede convivir en la cultura.

Planteemos una situación habitual.

Alguien conoce a una persona que le resulta atractiva y siente el deseo de estar con ella. Mientras que un animal se acercaría buscando copular de inmediato, en el ser humano, en cambio, da comienzo un juego de seducción que demanda más o menos tiempo y que puede, o no, conseguir lo que se desea. Primero debe presentarse, luego invitar a esa persona a tomar un café o a cenar, esperar que acepte, conversar, cautivarla y apenas ahí, si es aceptado, podrá acceder al encuentro íntimo. Es claro que, desde el momento en que se formula la invitación, ambos saben que no se trata solo de tomar un café. Es mucho más que eso, es un pedido: quiero estar contigo. Y el otro tiene el derecho de aceptar o no.

Pero cuando debemos poner la necesidad en palabras, siempre se pierde algo que no puede ser dicho. Por ende, aunque alguien acceda a ese pedido un poco trunco, jamás llegará a colmar la necesidad, porque esa necesidad, al no poder decirse, está perdida. La diferencia entre lo que buscamos y lo que obtenemos produce esa pérdida, y esa pérdida sostiene el deseo.

Entonces, redoblemos la apuesta de Rousseau, y digamos que, si satisfacer por completo el deseo es la única manera de lograr la felicidad, será imposible ser feliz. Sin embargo, ni cómo negarlo, muchas personas son felices.

Rousseau nos diría que eso es confundir la felicidad con el placer, pues «mientras el placer es efímero y relativo, la felicidad es un estado único y duradero».

Disiento con esta idea. Pretender que un estado cualquiera sea único y duradero es ignorar la ambivalencia que nos recorre, y la multiplicidad de pasiones encontradas que nos habitan.

No solo el concepto de deseo es relativo, también lo es el de felicidad. La breve encuesta que hice en aquella conferencia lo demuestra. No hay dos personas que esperen exactamente lo mismo para sentirse felices. Pero demos un paso más y digamos que la felicidad no solo es algo que varía de un sujeto a otro, sino que en un mismo ser cambia con el tiempo. Lejos de ser un estado duradero, como quería Rousseau, se trata de una sensación que se nos escapa permanentemente y va cambiando de objeto de manera constante. Por eso, es probable que lo que nos hizo felices cuando éramos chicos, ya no nos haga felices ahora.

Recuerdo algo que me ocurrió en enero de 1967.

Se acercaba la llegada de los Reyes Magos. Ese año mis pedidos habían sido ambiciosos: una pelota de cuero y un par de guantes de arquero. Eran tiempos difíciles y, aunque solo tenía 5 años, ya había comprendido que los Reyes eran menos generosos con los chicos más humildes. No entendía por qué, pero sabía que era así. A pesar de eso, en un acto de rebeldía, pedí lo que deseaba, como lo hacían los chicos ricos. Sabía que era poco probable que los Reyes accedieran a mi pedido, pero aun así me animé a desafiarlos.

Llegó el día, y la mañana de ese 6 de enero, me sobresalté al despertar abrazado a una pelota. Pero no quise abrir los ojos. Temí que fuera una Pulpo, esas pelotas de goma, las rayadas. Pero no, ese año, inesperadamente, mi pedido se había cumplido. Salté de la cama y algo cayó al piso. Me agaché a levantar el paquete, lo abrí y descubrí que eran los guantes de arquero. No podía creerlo. Emocionado, salí corriendo hacia la cocina para mostrarles a mis padres los regalos. Me abrazaron tan conmovidos como yo. Pensé que era probable que tampoco ellos pudieran creerlo. Hoy sé que no fue así. Su llanto era la descarga feliz de ver mi cara, de hacerme creer, al menos por un día, que el mundo era un lugar justo y de transmitirme un mensaje: «Por difícil que parezca, no te niegues a soñar».

Lo cierto es que ese fue uno de los momentos más felices de mi vida. Hoy esos regalos no me harían un hombre más dichoso. Porque el tiempo ha pasado, porque no soy el mismo, y porque la felicidad requiere una coincidencia temporal.

De nada vale que la persona que amamos hace diez años venga hoy a decirnos que también nos ama. No sirve. Lo que ayer pudo ser dicha hoy solo es absurdo. Porque la felicidad es también una forma de la pasión. Y, en cuestiones de pasión, lo que llega a destiempo es como si no hubiera llegado nunca.

* * *

Llega hasta la fuente del río Pactolo, se inclina, cierra los ojos y los últimos acontecimientos vuelven a su memoria. Se ve en su palacio, rodeado de sirvientes y lujos. Recuerda el jardín de rosas por el que tanto le gustaba caminar. Siente el cuerpo cálido del gato en su regazo y el sonido de la risa de su hija, Zoe. Tenía todo lo que un hombre podía soñar, sin embargo, algo lo obsesionaba.

Cierto día, Dioniso pasó por la tierra de Frigia y, en gratitud por el trato recibido, le ofreció cumplirle cualquiera de sus deseos. El rey Midas no dudó un instante: «Quiero que todo lo que toque se convierta en oro». El Dios frunció el entrecejo y le cuestionó si estaba convencido de lo que pedía. El rey ratificó su decisión. Así sea, sentenció Dioniso: «A partir de mañana, lo que toques se convertirá en oro».

Al día siguiente, Midas despertó ansioso y recorrió el palacio tocando todo lo que estaba a su alcance: los cuadros, la bañera, las paredes y saltaba de alegría al ver como al solo contacto de su mano las cosas se volvían áureas.

En un momento tuvo hambre y tomó una uva, pero casi pierde un diente porque el fruto ahora era una perla dorada. Más tarde sintió sed, pero el vino se volvió oro líquido ni bien tomó contacto con sus labios. Su mascota saltó sobre él y quedó convertida en una estatua radiante. El miedo lo invadió y fue en busca del consuelo de su hija, pero al abrazarla, la joven se transformó en una figura dorada.

Devastado, comprendió que a partir de ese día solo podría sentir el contacto frío y duro del metal, y rogó a Dioniso para que le quitara esa condena. Se dio cuenta de que, antes de pedir el don, ya poseía todo lo que necesitaba para ser feliz, y lo único que deseaba era volver a oler el perfume de sus rosas, jugar con su gato y besar a su hija.

El Dios del vino le contestó que, para lograr eso, debía renunciar no solo a su portento, sino a todo el oro que tuviera, lavarse las manos en las aguas del río Pactolo, y mojar con ella lo que hubiera tocado para que recuperara su estado natural.

Y allí está ahora.

El reflejo le devuelve una sonrisa mientras sumerge las manos en la fuente pensando en lo que sentirá al disfrutar otra vez de lo que en realidad ama.

Al pensar en aquella persona que dijo que su felicidad sería tener mucho dinero, recordé la historia del rey Midas.

Vivimos en un mundo donde es necesario tener asegurada la subsistencia, y quien no lo consiga, tiene vedada la felicidad. Nadie puede acceder a sus pasiones cuando ni siquiera puede satisfacer sus necesidades.

Sin embargo, el mito deja la sensación de que la ambición es algo negativo. No es así. Existe una diferencia entre la ambición y su costado patológico, la avaricia. La ambición, lejos de ser perniciosa, es la cara visible de las pasiones, y da cuenta del deseo que nos lleva a seguir adelante, armar un nuevo proyecto e ir en busca de un sueño nuevo cada día.

Un hombre sin ambiciones transitará la vida resignado y será apenas un sobreviviente. En ese aspecto, la ambición es nuestra aliada. La avaricia, en cambio, es la hibris, la desmesura, la pasión puesta al servicio de la pulsión de muerte.

* * *

Así como la felicidad es distinta para cada persona, y para una misma persona en momentos diferentes de su vida, el concepto de felicidad también ha variado a lo largo de la historia. Nos asombraría comprobar la distancia que hay entre la idea de felicidad que se tenía en la Edad Media y la nuestra.

Como dijimos, en aquella época, no existía la creencia de que alguien podía sentir placer en esta vida. Los campesinos vivían sojuzgados, maltratados, hambrientos, y la felicidad era algo a lo que se podía aspirar apenas en la otra vida, siempre y cuando hubieran soportado el dolor y las injusticias con resignación. Esa resignación era una muestra de fe y, por eso mismo, abría las puertas del cielo luego de la muerte.

En el renacimiento, en cambio, tambalea Dios y el hombre ocupa el centro del mundo. Entonces, la felicidad deja de ser algo que se encuentra en el cielo, y se liga a los logros que puedan conseguirse en esta vida.

John Locke, el padre del empirismo, pensaba que la felicidad era un estado de máximo placer. Una postura cercana al hedonismo. La palabra *hedonismo* proviene del griego. *Hedone* significa «placer», e *ismos*, «doctrina». Es decir que se trata de una doctrina que pone al placer como el mayor bien a conseguir.

Alcanzar la felicidad no es tarea fácil. Es un derecho que se hace posible solo cuando se tiene garantizada la subsistencia, cuando muere la necesidad y surge el deseo. ¿Qué felicidad podía anhelar Martín Fierro?

Para un griego de la época clásica, en cambio, la felicidad estaba unida al honor. Herodoto, el primer cronista de Grecia, relata un hecho significativo al respecto.

Corría el año 480 a.C. Los persas, al mando de Jerjes, avanzaban en su conquista, y algunos aventureros oriundos de la región de Arcadia se pasaron al bando enemigo como mercenarios en busca de un modo de ganarse la vida.

Cierto día, Jerjes los mandó llamar y les preguntó qué estaban haciendo los griegos en ese momento. Ellos respondieron que celebraban los Juegos Olímpicos.

—¿Y cuál es el premio por el que compiten?

—Una corona de olivo, Señor.

—«¿Una corona de olivo?». —Se asombró Jerjes—. O sea que se arriesgan por nada.

—Se equivoca, Señor. Para ellos, lo es todo.

—¿Es decir que son capaces de poner en peligro sus vidas solo por una guirnalda?

—Así es, mi Señor.

En ese momento, uno de los guerreros persas llamado Tritantegmes, sobrino del legendario rey Darío, se acercó a Mardonio, su noble comandante, y le susurró:

—Desgracia, Mardonio, ¿contra qué especie de hombres nos sacas a campaña que no apuestan sobre quien será más rico, sino más virtuoso?

Es evidente que, para los persas, cuyos únicos intereses eran el oro, las tierras y los esclavos, esa pasión de los griegos que era capaz de llevarlos a la muerte por defender su honor les resultaba extraña y, al mismo tiempo, les infundía temor. ¿Con qué amenazar a alguien para quien la dignidad es más importante que la vida?

En la *Fenomenología del espíritu*, Hegel formula su «dialéctica del amo y el esclavo», que sostiene que solo puede considerarse un verdadero ser humano quien sea capaz de arriesgar su vida animal por un fin no animal. Alguien dispuesto a morir por defender un bien secundario para la vida biológica. Por ejemplo, alguien dispuesto a morir por un ideal: la libertad, la democracia, la verdad, o el honor. En ese sentido, los griegos eran la muestra cabal de lo que es un sujeto humano. Ninguno de ellos podía ser feliz si el costo era ceder la dignidad. Una actitud que conmueve, todavía más si pensamos en quienes miran para otro lado a la hora de obtener lo que les conviene.

Esa es otra de las dificultades al momento de abordar el tema. Se ha confundido también conveniencia con felicidad, y no son lo mismo. Las cosas importantes de la vida no son convenientes. El arte no conviene, la valentía no conviene, el amor no conviene. Por el contrario, esas cosas tienen un precio muy alto. Un precio que debe pagar quien quiera respetarse a sí mismo.

Llegado a este punto planteo una definición: la felicidad es la emoción que nos recorre cuando podemos mirarnos sin sentir vergüenza de quienes somos.

A alguien le puede ir mejor o peor, pero solo si puede mirar hacia adentro sin avergonzarse por lo que hizo, lo recorrerá la sensación de ser feliz. Al menos, si nos proponemos una felicidad verdadera, apasionada.

Durante mi adolescencia viví un tiempo en una ciudad de provincia, y recuerdo a los peones sin trabajo que se reunían en una esquina con el anhelo de que alguien los contratara. No había oportunidades para todos, y ellos mismos iban cediendo lugares a quienes habían pasado más tiempo sin conseguir dinero, o estuvieran más necesitados. Quien conoce la pobreza suele ser solidario.

En su libro *España*, Salvador de Madariaga relata una escena parecida.

Corrían años muy duros para los humildes y muchos de ellos, desocupados, se reunían en la plaza del pueblo esperando que alguien les ofreciera un trabajo eventual.

Eran épocas de elecciones. El «puntero» de uno de los candidatos se acercó a un grupo de peones que ansiaban conseguir trabajo en aquel día y les dio unas monedas con la condición de que votaran por el postulante que él representaba. Uno de ellos se las tiró a los pies, lo miró y, con un gesto despectivo, sentenció: «En mi hambre mando yo».

Aquel muchacho no tenía más que su honor, y no estaba dispuesto a venderlo. Me conmueve la pasión de ese peón que, a pesar de estar necesitado, eligió la dignidad. Otra de las formas de la pasión. Pasión griega. Felicidad de mirarse sin sentir vergüenza.

También es posible que quien llegue a la meta haciendo trampas disfrute de sus logros, pero será un disfrute arraigado en la mentira. En algún momento, cuando la soledad lo encuentre, por más que se excuse ante sí mismo, sabrá quién es. Nadie puede engañar a su Inconsciente.

Hemos dicho que la vida es una aventura difícil. Teniendo en cuenta esto, planteo otra definición: la felicidad es la sensación que nos invade en los instantes en que el mundo parece ser un poco menos injusto.

Muchas veces nos encontramos ante situaciones injustas. Situaciones que no creemos merecer.

La vida no sabe de merecimientos. A la vida no le importa lo que alguien merezca. No es cierto que más tarde o más temprano todos pagan sus deudas. Es mentira. Algunos no pagan jamás. Muchos jerarcas nazis murieron en libertad después de haber disfrutado la vida junto a su familia. ¿Fueron felices? No lo sé, depende de su estructura psíquica. Porque, si bien es cierto que a la mayoría de las personas, en algún momento, la sensación de culpa les sale al cruce, los psicópatas, en cambio, pueden mirarse sin sentir vergüenza por más atrocidades que hayan cometido. Ausencia de autocrítica, de empatía, de noción de justicia. Pasión al servicio de la enfermedad.

El filósofo francés Pascal Bruckner, señaló otra dificultad que surge al pensar en esta cuestión: «El problema es, en buena medida, que se ha confundido bienestar con felicidad».

Sin embargo, la felicidad y el bienestar no siempre van de la mano. Se puede estar bien y no ser feliz. San Martín fue un ejemplo de esto. Nada le faltaba en su exilio francés. Caminaba por su jardín, leía sus libros, jugaba con su nieta y hablaba con su hija. Pero la sensación de vacío que lo habitaba al saberse lejos de la patria, lo entristecía a pesar del bienestar.

También se puede ser feliz sin estar bien.

Como señalamos, entre los nórdicos, Hel, aquella que no permitió que Balder regresara a Asgard, era la señora de las profundidades. Pero solo podía tener en su reino a los que morían de viejos o a causa de enfermedades, porque los caídos en batalla iban al Valhalla, el castillo de Odín. Por eso, los vikingos ansiaban morir derramando sangre, propia o ajena, heridos e hiriendo en combate. Solo así tenían la posibilidad de ser elegidos por las valkirias, las hermosas servidoras de Odín, encargadas de seleccionar de entre los muertos a aquellos de conducta heroica para conducirlos a su destino de gloria. Por eso, los nórdicos creían que, quienes morían rodeados de bienestar, jamás disfrutarían del festín de los héroes, e irían a los reinos de Hel.

Más allá de las diferentes miradas sobre el tema, es evidente que la representación de felicidad se construye a partir de una mezcla entre lo social y lo personal, entre el ideal de la época y el lugar en que se vive, y el componente subjetivo que hace que, para cada persona, la felicidad sea algo único y singular.

La antropóloga Ruth Benedict introduce una idea que rima con lo que venimos desarrollando en este libro. Según ella: «Las sociedades apolíneas ven a la felicidad como un estado duradero, un equilibrio que es el resultado de la reunión armoniosa de varios valores que definen lo que es bueno, bello y útil; un estado de bienestar del espíritu y del cuerpo, ligado al apaciguamiento de los conflictos interiores, a la conquista de un equilibrio personal. Las sociedades dionisiacas, en cambio, buscan un estado de felicidad salvaje, placeres tan diversos como numerosos. En las sociedades dionisiacas los placeres no procuran una saciedad definitiva, su búsqueda es infinita».

Acompañando estos pensamientos, podríamos sostener que también existen personas apolíneas que buscan una felicidad estable, duradera y sin sobresaltos, y otras, dionisiacas, que requieren una permanente exaltación de sus pasiones para sentirse dichosas.

Ante esta dualidad, conviene recordar el consejo del oráculo de Delfos: nada en demasía. De cualquier modo, cada quien debe enfrentar el reto de ser feliz. Como señaló el Zaratustra de Nietzsche: «Es tiempo de que el hombre fije su propia meta».

En esta época de consumo, también suele asociarse la felicidad a la cantidad de cosas, materiales o no, que pueden conseguirse. De esa manera se confunden tener y ser, lo cual produce una cierta angustia cuando esos logros valorados socialmente no se consiguen y aparece la sensación de fracaso.

El éxito

Otro de los errores más comunes consiste en equiparar felicidad y éxito. Ni cómo negar que la victoria sabe dulce y agradable, pero eso no implica que sea sinónimo de felicidad.

Victor Hugo, el genial autor de *Los miserables*, denuncia esta falacia de manera contundente: «El éxito es una cosa repugnante: su falsa semejanza con el mérito engaña a los hombres».

¿Qué es el éxito, entonces?

La etimología misma de la palabra genera algunas reflexiones. *Éxito* proviene del latín *exitus*, que significa «salida». Es decir que lograr el éxito en un proyecto, por ejemplo, implica salir de él, finalizarlo, darlo por concluido. Desde esta perspectiva, después del éxito no queda nada.

¿Qué sería entonces una pareja exitosa? La unión de dos personas que quieren enamorarse y se enamoran, luego anhelan casarse y se casan, más tarde sueñan con tener hijos y los tienen. ¿Y luego qué?

No imaginamos que después de eso no quede nada. Aunque he comprobado que, en algunos casos, es así. Quizá porque, ansiosos por conseguir sus logros, olvidaron algo fundamental: no es posible una pareja exitosa, porque el desafío de estar en pareja no termina nunca.

Recuperemos la pregunta, entonces. ¿Qué es el éxito? ¿Es la felicidad? Hemos dicho que no. ¿Es conseguir todo lo que se desea? Como analista, sé que eso es imposible. El deseo es inagotable.

Para un cristiano medieval, el éxito consistía en recuperar, después de la muerte, el Paraíso perdido a partir del pecado original de Adán y Eva. Para un budista, alcanzar el estado del Nirvana. Nosotros, en cambio, apostamos a éxitos diferentes.

En su libro *Crónicas del ángel gris*, Alejandro Dolina hizo una vindicación del fracaso. Extraigo algunas de sus reflexiones:

> Como nadie, Almafuerte sintió que la frustración es la meta final de todo destino y sospechó que para compadecer cabalmente era necesario abismarse en la desgracia y aun en la infamia…

Puede concebirse un pesimismo todavía más hondo: el universo es tal vez un fracaso. Vivimos entre los restos melancólicos de un propósito maravilloso que salió mal…

La murga o sociedad filosófica Los Fracasados de Flores auspiciaba las caídas, las derrotas y la ruina. Nunca alcanzaron a establecerse en un local y nadie acudía a las reuniones, quizá porque así estaba previsto.

Adivinamos aquí un fracaso deseado, un renunciamiento. Sin embargo, los murgueros más ortodoxos propugnaban otra clase de frustración, la peor de todas: el fracaso de quien paga todos los precios del éxito, de quien vendería su alma por triunfar, pero no encuentra quien se la compre.

Otra polémica interesante es la que se refiere a la publicidad de la derrota.

Un grupo juzgaba imprescindible pregonarla: así como mantener una hazaña en secreto es signo de nobleza, conviene difundir nuestras vergüenzas a los cuatro vientos.

Otros postulaban el fracaso silencioso. Humildemente alcanzo a adivinar una tercera e ínfima categoría: el fracaso inconsciente. Alguien pierde y no sabe que pierde o —peor aún— cree que gana.

Queda aún entre nosotros la sombra de la idea según la cual el fracaso ennoblece. En todo caso, mirando a ciertas personas que triunfan, cualquiera siente un poco de ganas de fracasar, siquiera para no parecerse a ellos…

Una última reflexión de alguien que ha jugado mucho.

Quizás, en la carpeta celeste, el que gana pierde y, el que pierde, gana.

Comparto emocionado las ideas de mi amigo Alejandro. En el consultorio, acompañando a pacientes que se arriesgaban por sus deseos, comprendí la veracidad de la sentencia dolinesca, y he comprobado que no existe el éxito absoluto. Porque en la vida todo tiene un precio. Para ganar, siempre algo hay que perder.

* * *

Cuenta la leyenda que hubo una vez un pequeño país llamado Anges que, luego de cruentas batallas, logró liberarse de la opresión que durante siglos le impuso una gran nación que lo tenía esclavizado. Sin embargo, la guerra por la libertad no había terminado.

Anges llevaba poco tiempo de independencia cuando los dos imperios más grandes del mundo se unieron para conquistarlo y arrebatarle sus riquezas. Así fue que, una mañana de primavera, los angesianos divisaron cientos de naves extranjeras que remontaban el río Terga en busca de amarrar en sus costas. Sin embargo, sus habitantes no habían peleado tanto para darse por vencidos sin oponer resistencia, y un puñado de lugareños corrió a la rivera decidido a rechazar la prepotencia de los invasores. Con tropas improvisadas, con armamento escaso y antiguo, pero llenos de valor iniciaron su feroz resistencia. La lucha no solo debían darla contra el enemigo externo. Además, tenían que enfrentar a un grupo de traidores que estaban dispuestos a entregar el país a cambio de beneficios económicos.

Las tropas imperiales se habían preparado bien para la expedición y confiaban en un triunfo rápido. Pensaban que, con solo exhibir sus naves imponentes, sus miles de soldados y su moderno armamento bastaría para doblegar la resistencia de los angesianos, pero se equivocaron.

En esa época, Anges estaba gobernado por Gabor, un cacique bravo que contaba con el apoyo de su pueblo. Gabor no dudó ni un instante. Tomó la decisión de enfrentar al invasor y ordenó a Deitor, el más valiente de sus guerreros, que liderara la defensa.

Deitor sabía que era imposible vencer a los invasores. La diferencia de poderío hacía inevitable que tuvieran éxito en su propósito de remontar el río Terga. Era indispensable encontrar un lugar donde pudieran alcanzar a los barcos enemigos con las pocas fuerzas que tenían. Entonces, emplazó a sus hombres en un lugar en donde el río se hacía más angosto en medio de la selva y describía una curva que dificultaba la navegación. Allí, se sumergieron algunos bravos en las profundidades del río. Anudaron tres sogas gruesas a los árboles que había en ambas orillas. Estaban convencidos de que de esa forma detendrían el avance de las naves invasoras, al menos por un momento. El tiempo que el enemigo tardara en cortar las sogas, sería el tiempo que los defensores tendrían para atacarlos. Debían estar alerta y concentrados.

Y así fue como, luego de esperar durante horas, al amanecer, divisaron la flota enemiga y sintieron miedo. Comprendieron al instante que no era posible vencer a esas ciudades flotantes que avanzaban con la seguridad que da la omnipotencia. Pero ya era tarde para huir y, además, sabían que el destino de la nación estaba en sus manos.

Las naves se acercaron lentamente, en medio de un silencio doloroso. Hasta que, de pronto, las que llevaban la delantera se detuvieron. Los marinos se mostraron confundidos. De modo inexplicable, los poderosos barcos se habían estancado. Ese era el momento que los angesianos estaban esperando. Deitor lo supo al instante. No podía demorarse, debía dar la orden, pero no estaba dispuesto a insuflar en los suyos un espíritu triunfalista. No quería que lo último que esos valientes le escucharan decir fuera una mentira. Por eso, tomó aire y dejó que su voz retumbara: «Vayan y paguen con sus vidas el honor de quedar en la historia».

Ese día, en aquel lejano país, se libró la más injusta y heroica de las batallas. El ejército de las dos naciones más poderosas del mundo contra un grupo de nativos cuya arma principal era una convicción: el enemigo luchaba por riquezas, ellos en cambio, luchaban por su hogar.

Tras horas de una batalla encarnizada, los invasores comenzaron a deteriorar al improvisado ejército angesiano. Rompieron las sogas y avanzaron por el río. Pero, al querer desembarcar, fueron repelidos una y otra vez. A pesar de eso, antes del anochecer, unos trescientos hombres lograron poner pie en tierra.

A su paso, saquearon todo lo que pudieron. Sin embargo, los ecos de la batalla habían generado una nueva resistencia: los pueblos vecinos, cercanos al río, consustanciados con la lucha, retiraron el ganado y quemaron todo aquello que pudiera servir de alimento al enemigo.

Las armadas imperiales fueron atacadas con ferocidad en cada punto de la costa, hasta que el calvario se tornó insoportable y comprobaron que el precio de hambre, enfermedades y muerte era demasiado alto para los beneficios que esperaban obtener. Concluyeron, entonces, que era preferible reconocer la soberanía de Anges, antes que volver a enfrentar a esos hombres que parecían no temer a la muerte.

Gracias a aquella batalla, ese país sigue siendo hoy una nación libre.

Como consecuencia del combate, Deitor fue herido y muchos angesianos murieron. Sin embargo, una convicción los llenó de orgullo. Era cierto que no habían tenido éxito, los invasores habían logrado pasar... pero no habían ganado.

Como dijo el pensador español José Luis Sampedro, algunas batallas hay que darlas, se ganen o se pierdan, porque darlas es lo que dignifica. Y el gran triunfo de Anges fue dar esa batalla.

Me gusta esta historia, porque deja en claro que hay derrotas que enaltecen y victorias que avergüenzan. Algo que conviene tener en cuenta, sobre todo en esta época en que se hace un culto del éxito. Pareciera que solo importa ganar a cualquier costo, con armas nobles o con las otras. Los ganadores son expuestos como ejemplos a seguir y los otros, la mayoría, permanecen en el anonimato, cuando no en la marginación, porque no es bueno que se sepa que hay gente que pierde, que hay gente que sufre, que hay gente que tiene hambre.

El espíritu exitista que promueve el «tú puedes» es perverso, porque genera un sentimiento de frustración y de culpa en quienes no consiguen alcanzar las metas que los demás fijan. Esa premisa, además, niega una injusticia: no todos tienen las mismas posibilidades. Porque, en esta absurda carrera, algunos salen con quinientos metros de ventaja. Sin embargo, la mirada exitista desestima esto y responsabiliza a la persona de las falencias de la sociedad. La gran mentira de la «meritocracia».

Antes de terminar con el relato me gustaría proponerles un juego. Pónganle nombre a esos imperios. Llámenlos, por ejemplo, Francia e Inglaterra, llamen al Terga, Río de la Plata; a Gabor, Juan Manuel de Rosas; a Deitor, Lucio Mansilla; y a Anges, Argentina.

Sepan, entonces, que esa fue la gesta que el 20 de noviembre de 1845 se llevó a cabo en la ciudad de San Pedro, provincia de Buenos Aires, y que recordamos como la batalla de Vuelta de Obligado. Aquella que, según Don José de San Martín, fue la segunda guerra de la Independencia. El combate que, como él mismo dijo, le demostró al mundo que «los argentinos no son empanadas que se comen sin más trabajo que abrir la boca».

El 12 de octubre de 1936, en la famosa universidad de Salamanca ocurrió algo que quedaría en la historia.

Durante un acto de celebración de la festividad de la raza, José Millán-Astray y Terreros, un fascista declarado, gritó: «¡Viva la muerte! ¡Abajo la inteligencia!». Sus palabras fueron vitoreadas por los presentes. Ante esta situación, don Miguel de Unamuno, rector de aquella casa de estudios, se puso de pie y, a pesar del fervor que inundaba la sala, dijo:

> A veces, quedarse callado equivale a mentir porque el silencio puede ser interpretado como aquiescencia. [...] Venceréis porque tenéis sobrada fuerza bruta, pero no convenceréis. Para convencer hay que persuadir y para persuadir necesitaréis algo que os falta: razón, derecho en la lucha.

Argentina contra las dos potencias más grandes del mundo. Unamuno, frente al imperio franquista.

Derrotas que enaltecen. Fracasos victoriosos. Ejemplos de pasión y dignidad.

ENTONCES

Ojos que brillan

Cuando Hitler llegó al poder, Walter Zander comprendió que debía irse de Alemania. Era un hombre inteligente y percibió que las cosas podían complicarse para los judíos. Por eso, en el otoño de 1937, junto a su mujer y sus tres hijos, partió rumbo a Inglaterra. Una vez allí, con un amigo, Erich, establecieron una pequeña empresa. Se conocían de jóvenes; ambos tocaban en un cuarteto de música desde que eran estudiantes.

Walter invirtió en la empresa todos los ahorros que había podido sacar de Alemania, y el negocio dio sus frutos rápidamente. Sin embargo, en el momento en que empezaba a crecer, comenzó la guerra.

Tanto Walter como Erich eran judíos, pero también eran alemanes, razón por la cual el gobierno inglés confiscó sus propiedades, los trató como «extranjeros enemigos» y, ante la duda, los encerró.

Para ese entonces, la familia Zander tenía cuatro hijos: Michael, Lucas, Angélica y Benjamin, el único nacido en Inglaterra. Con el padre detenido, la madre tuvo que hacerse cargo de la situación durante los diez meses que duró el cautiverio. Casi no tenía ingresos, pero tenía amigos, y ellos salieron en su ayuda.

Intuyo la sensación de injusticia y el dolor de aquellos hombres que, tras huir del nazismo, se encontraban encerrados sin haber cometido ningún crimen, solo por causa de su nacionalidad. Eran tratados como espías y, además, cargaban con la incertidumbre de no saber qué sería de sus familias. Pero Walter no permitiría que la situación lo convirtiera en quien no quería ser. Se transformó en una voz de aliento para quienes compartían su encierro e intentó brindarles contención espiritual. Al tiempo se comprobó su inocencia y pudo retomar su vida como un hombre libre.

Aunque su profesión era la abogacía, Walter amaba la música. Por eso, cada día, al volver del trabajo, se sentaba al piano y disfrutaba de su verdadera pasión. Ben, su hijo más pequeño, lo observaba extasiado. Se detenía en cada uno de sus gestos, en su mirada, sus manos, su cuerpo, y comprendía que, en ese momento, el hombre era feliz. Así, capturado por la emoción que percibía en su padre, quiso sentir en carne propia aquellas sensaciones. No sabía bien cuáles eran, pero intuía que la música «trataba sobre el amor, sobre la expresión, sobre la libertad y sobre la alegría».

Al tiempo, Ben comenzó a tocar el violonchelo, y a los 9 años, ya componía. Su pasión era tan grande que, aunque esas composiciones fueran todavía un poco torpes, su madre decidió enviarlas a un concurso que se realizaba en el pequeño pueblo en que vivían. Al recibirlas, el juez le respondió que esas composiciones no tenían ningún valor y que debía quitarle a su hijo la idea de que podría llegar a ser un gran músico. A pesar de eso, la mujer redobló la apuesta y envió las partituras a uno de los compositores más importantes del mundo: Benjamin Britten. Cuatro días después, sonó el teléfono en la casa de la familia Zander. Al atender, Ben no podía creerlo, y solo atinó a gritar.

—¡Mamá... es Benjamin Britten!

Con el corazón acelerado, la mujer tomó el teléfono. El maestro le dijo que las composiciones de su hijo eran buenas, que había que entender que solo tenía 9 años, y los invitó a pasar el verano en Aldeburgh, una ciudad cercana a la costa. Allí podrían disfrutar del mar y, mientras tanto, él le daría clases al chico para ver qué ocurría. Así, durante tres veranos, la familia Zander se trasladó al lugar y Ben tuvo como profesor al gran Benjamin Britten.

Fue una etapa inolvidable para el chico. Su familia confió en él, creyó en su sueño y tomó la decisión de apostar por su pasión. De esa experiencia, Ben se guardó una idea que lo acompañaría para siempre: hay momentos en la vida en que alguien tiene que decidir, y se debe valorar la capacidad de elección, porque puede cambiar un destino. Por eso, a los 15 años, decidió abandonar el colegio e ir a estudiar violonchelo a Florencia, Italia, con Gaspar Cassadó, uno de los mejores cellistas del mundo. Según sus propias palabras: «Estaba haciendo algo muy raro porque la mayoría de la gente va al colegio, luego a la universidad, después se gradúan, después consiguen un trabajo y después mueren. Suele ser el camino». Pero no era la ruta que él quería.

Años después, una beca lo llevó a vivir a Estados Unidos de Norteamérica y, en 1965 se estableció en Boston y comenzó su aventura como director de orquesta. Trece años más tarde fundaría la Orquesta Filarmónica de Boston.

Hoy Benjamin Zander recorre el mundo dando conferencias de música y motivación, aunque jamás ha dejado de ser profesor. Sabe que un maestro puede cambiar la vida de alguien, que ahora él puede ser el Benjamin Britten de algún chico con sueños de grandeza y ha comprendido que, para lograrlo, debe esforzarse, no tanto en transmitirles información, sino en despertar su pasión para que surja el potencial que los habita.

Tiene la misma actitud cuando se para frente a una orquesta. Es consciente de que un director no emite ningún sonido, que su única misión es apasionar a los músicos. ¿Y cómo puede saber si lo está logrando? Porque los mira. Mira sus ojos y, si esos ojos tienen brillo, sabe que lo ha conseguido. En cambio, si ese brillo no aparece, se pregunta: ¿quién estoy siendo que los ojos de mis músicos no brillan? Y nos propone que hagamos esa pregunta ante cada persona que amamos: ¿quiénes estamos siendo cuando los ojos de nuestros hijos no brillan?

Benjamin Zander tuvo una pasión desde chico, y dejó que esa pasión lo guiara hasta el final. No había certezas. No tenía posibilidad de saber si conseguiría o no llegar a la meta. Pero en el camino llegó a su propia definición acerca del éxito: «Es muy simple. No se trata de riqueza, fama y poder. Se trata de cuántos ojos brillantes hay a mi alrededor», dijo.

Pienso que esa frase de Zander no define el éxito, sino algo más importante. Quizá de eso se trate la felicidad: de cuántos ojos brillen a nuestro alrededor.

El fracaso tan temido

Nos toca habitar un tiempo difícil. Una época que, como dijimos, invita a confundir el mérito con el éxito. Y lo más perverso es que ese éxito ni siquiera tiene que ver con nuestros deseos, sino con logros que los demás esperan de nosotros.

Cuando de chico comentaba mi anhelo de ser músico, muchos me decían: «Pero algo vas a tener que estudiar». Ninguna de esas personas tenía idea del esfuerzo que implica ejecutar bien un instrumento, o componer una sonata. Sin embargo, me incitaban a que estudiara una carrera que me asegurara un bienestar que me hiciera más feliz, porque confundían felicidad con conveniencia. Ya hemos señalado que, en general, las cosas importantes de la vida no son convenientes, son riesgosas. Por eso, la felicidad no es un estado cómodo, y requiere esfuerzo e inteligencia.

La búsqueda permanente del éxito conduce a la frustración. Nadie lo puede todo, ni siquiera las personas que creemos más exitosas. Siempre habrá una distancia entre lo que queremos alcanzar y lo que finalmente alcanzamos, entre el placer deseado y el placer obtenido. Y esa distancia que nos mantiene deseantes, es probable que, muchas veces, nos haga sentir frustrados, incluso aunque hayamos conseguido mucho de lo que anhelábamos. Por eso, debemos aprender a convivir con una cuota de insatisfacción.

La falta y el deseo van de la mano de la misma forma que el deseo y la frustración. El dramaturgo irlandés Bernard Shaw dijo que había dos catástrofes en la existencia: «La primera, cuando nuestros deseos no son satisfechos; la segunda, cuando lo son». ¿Por qué es una catástrofe cuando nuestros deseos se satisfacen? Porque comprobamos que esa satisfacción no ha llenado el vacío, que el logro alcanzado no trajo la saciedad.

Es cierto que algunas situaciones —como el enamoramiento o el embarazo— pueden generar una ilusión de completud; pero —como dijo Freud— el porvenir de toda ilusión es la desilusión. Bien lo saben las mujeres que han estado embarazadas y todos aquellos que alguna vez se enamoraron.

Toda persona tiene que desarrollar cierto nivel de tolerancia a la frustración, algo que debe aprenderse en la infancia. Es un proceso difícil, pero imprescindible.

A algunos padres o madres les parece un horror que sus hijos o hijas se frustren. Por eso, cuando al chico le ocurre algo banal, corren a auxiliarlo. Con esa actitud lo están privando de aprender algo importante. Si no desarrolla la capacidad de aceptar la frustración, no tendrá herramientas psicológicas para enfrentar las dificultades de la vida. Se angustiará, se pondrá agresivo, o tendrá actitudes que le harán daño a él o a los demás.

Un mínimo de dificultad es deseable para forjar el carácter. Suscribo el pensamiento de Freud: «He sido un hombre afortunado. En la vida nada me ha sido fácil».

Por supuesto, no se trata de frustrarlos todo el tiempo, porque no hay psiquis que lo resista. Si procedemos de ese modo, no los dejaremos construir confianza en sí mismos y, ante la creencia de que todo les saldrá mal, no harán nada.

Tampoco se trata de no frustrarlos nunca. Si hiciéramos eso, crecerían pensando que lo pueden todo, y ante el primer traspié se angustiarán y abandonarán la batalla.

En el transcurso de una sesión, un paciente me comentó que dejaba que su hijo le ganara a todos los juegos. Le dije que esa actitud podría ser peligrosa.

—Es que si pierde se enoja.

—Que se enoje —fue mi respuesta.

Le expliqué que era preferible que se enojara ahora y no que, más adelante, fuera por la vida sin armas para enfrentar la frustración. Porque, de esa manera, es muy difícil ser feliz.

Borges rescata una frase significativa de los *Evangelios apócrifos*: «Felices los valientes, los que aceptan con ánimo parejo la derrota o las palmas».

Entre el goce y el reconocimiento

Se cuenta que, cierta vez, Zeus escuchó dos profecías. Una vaticinaba que él sería destronado por uno de sus hijos. La otra, que la ninfa Tetis, su amante, daría a luz un bebé que sería superior a su padre. Tal vez por esto, Zeus ordenó a Tetis que se casara con un mortal: el rey Peleo.

Todos los dioses fueron invitados a la boda, menos Éride, la personificación de la discordia. ¿Quién invitaría a «la discordia» a su boda?

Sin embargo, Éride se presentó de improviso en la fiesta y depositó sobre la mesa una manzana dorada que llevaba una inscripción: *Kallisti*, es decir, «para la más hermosa».

Tanto Hera como Afrodita y Atenea reclamaron la manzana. Las tres diosas se consideraban la más bella de la noche. La decisión de Zeus fue que el asunto se resolviera con el arbitrio de Paris, príncipe de Troya.

En las sombras, Atenea se acerca a Paris.

—Príncipe Paris, vengo a ofrecerte un trato. Si fallas a mi favor, haré de ti un guerrero diestro y sabio. Piénsalo.

La diosa se retira sin percibir que una sombra se desliza tras ella. Es Hera, quien se dirige a Paris con voz segura.

—Paris. Pesa sobre ti una maldición. El oráculo ha dicho que serás el causante de la caída de tu reino. Por eso el rey Príamo, tu padre, te crio como un simple pastor. Yo puedo cambiar eso. Si tu voto me favorece, te daré el poder de gobernar sobre toda Asia.

El príncipe no sale de su asombro. De pronto una tercera figura se presenta frente a él: Afrodita. Con tono sensual le susurra:

—¡Ay, Paris! Solo tienes que nombrarme ganadora del concurso y te daré algo que nadie podrá igualar.

—¿Qué?

—El amor de la mujer más bella del mundo.

Paris fija su mirada en los ojos de la diosa del amor, quien sonríe complacida.

Al rato, el joven sale y da su veredicto.

Afrodita se queda con la manzana. Hera y Atenea miran a Paris con odio. El drama comienza a gestarse.

De su unión con Peleo, Tetis dio a luz a un pequeño al que llamaron Aquiles. Estaba feliz con su hijo, hasta que una profecía auguró que Aquiles moriría joven en Troya. Para intentar protegerlo de su destino, la madre sumergió al niño en la laguna Estigia, sabiendo que el contacto con aquellas aguas mágicas lo haría invulnerable. Pero no percibió que, al sostenerlo por el talón para mojarlo, evitó que esa parte del cuerpo tomara contacto con el agua.

Tiempo después, el príncipe Paris fue enviado a Esparta a cumplir una misión diplomática, y quedó embelesado con Helena, hija de Zeus y esposa de Menelao, rey del lugar. Entonces, demandó a Afrodita que cumpliera su palabra, entregarle la mujer más bella del mundo. Con ayuda de la diosa, sedujo a la hermosa Helena y la llevó con él a Troya.

Mil barcos partieron hacia Troya para rescatarla. El secuestro de Helena desencadenó la guerra más famosa de la historia.

A pesar de la enorme flota, se había predicho que Troya no caería a menos que Aquiles participara en esa guerra.

Tetis, que recordaba la advertencia de que su hijo moriría allí, intentó convencerlo.

—Aquiles —le dijo—. Si vas a Troya tu fama será inmensa, pero tu vida muy breve. En cambio, si te quedas, vivirás muchos años, aunque sin gloria.

Según Homero, Aquiles no vaciló. Optó por la vida corta y gloriosa. Las cartas estaban echadas y el destino se cumpliría de modo implacable. En medio del combate, la mano del dios Apolo guiaría la flecha arrojada por Paris hacia el único punto vulnerable de Aquiles, su talón, causando así su muerte. Tras diez años de batalla, Troya sería derrotada.

En un fragmento de *Los cuatro ciclos*, Borges escribe:

> Cuatro son las historias, una, la más antigua, es la de una fuerte ciudad que cercan y defienden hombres valientes. Los defensores saben que la ciudad será entregada al hierro y al fuego y que su batalla es inútil; el más famoso de los agresores, Aquiles, sabe que su destino es morir antes de la victoria.

Resulta maravilloso que la lucha del héroe y de la ciudad estén, ambas, condenadas al fracaso desde el inicio. Un fracaso heroico. Un fracaso pasional. Ciudad y héroe, dos derrotados. Quizá no importe. José Saramago sostuvo: «La derrota tiene algo positivo, nunca es definitiva. En cambio, la victoria tiene algo negativo, jamás es definitiva».

Al recordar los versos de la *Ilíada*, me pregunto qué llevó a Aquiles a elegir una vida breve, pero gloriosa, en lugar de una vida larga y cómoda, aunque intrascendente. ¿La pasión por la gloria, el ansia del laurel, la búsqueda de la inmortalidad del recuerdo, o fue la pulsión de muerte, esa fuerza irrefrenable del goce, la que lo empujó a optar por el peor de los destinos?

Victoria y derrota, éxito y fracaso, placer y frustración, batallas ganadas y perdidas. Momentos inevitables en el discurrir de toda vida.

Algo más acerca de la felicidad

La felicidad es una vivencia particular donde pareciera que el tiempo se detiene en un instante único y eterno. Una vivencia difícil de lograr, cuya búsqueda cesa con la vida misma. Apuesto a una felicidad exigente, pasional. Miro con respeto a quienes salen a la calle a celebrar un triunfo deportivo. Un respeto no exento de incredulidad. Me cuesta comprender cómo alguien puede ser tan feliz por un logro con el que tuvo tan poco que ver. Es lícito alegrarse por la epopeya ajena, pero la felicidad es otra cosa. Debe estar humedecida por nuestro sudor y coloreada por nuestra sangre.

Se es feliz cuando la persona amada dice «te amo», cuando se obtiene un título que costó años de esfuerzo, cuando se encuentra trabajo después de una larga búsqueda. No importa qué, pero la felicidad debe tener que ver con nosotros. Las otras son dichas pasajeras, deleites insignificantes.

Borges sostuvo que la pobreza de un pueblo no se mide tanto por el tamaño de sus tragedias como por la pequeñez de sus alegrías. Una idea que podemos trasladar a cada uno de nosotros.

Vivimos en una sociedad que nos exige entregar siempre algo más y, al mismo tiempo, nos alienta a tener sueños de vuelo bajo y conformarnos con lo poco que podamos alcanzar. Hay personas a quienes la injusticia ha condenado a proyectos cuya única satisfacción es el alivio de una necesidad. Esto no habla mal de esas personas. Cuando alguien logra construir un baño para su casa tiene derecho a alegrarse por el fruto de su esfuerzo. Sin embargo, ese tipo de alegrías hablan mal de las sociedades que no permiten más que anhelos ligados a la subsistencia.

No conviene conformarse y detener los sueños, tampoco es sano ser inconformista. Otra vez los griegos: nada en demasía.

Así como el deseo, la felicidad se desplaza, y cuanta más expectativa se ponga sobre algo, más grande será la desilusión. Siempre habrá una diferencia entre lo buscado y lo que se obtiene. Alguien dice: «el día en que me reciba seré feliz». Se esfuerza por lograr ese anhelo, y el día que se recibe sale a la calle, camina, mira el mundo y se pregunta: «¿Y ahora qué?».

El abismo.

Eso que pensaba que podría completarlo no ha llenado el vacío. Nada lo hará. Es la aventura humana: vivir en falta, e intentar ser feliz a pesar de eso.

Entonces, ¿no existe la felicidad total?

No. O sí, pero apenas por un soplo. No debe confundirse el hecho de que el deseo es deseo de lo que falta, con la imposibilidad de conseguir el placer. Ese postulado refiere a la naturaleza más profunda del deseo, a la falta de completud, a la imposibilidad de tenerlo todo, pero de ningún modo nos condena a la insatisfacción constante. Hay que detenerse a disfrutar de lo obtenido.

El error consiste en creer que la felicidad es un estado permanente. No es así. La felicidad es una suma de instantes maravillosos que justifican la vida. Instantes de eternidad.

Cierta vez, alguien me dijo que la felicidad llegaba cuando uno podía olvidarse del tiempo. Estoy de acuerdo. Esa es la felicidad plena. Pero es en vano pretender que ese estado dure para siempre. No es así como funciona la vida. Por eso, hay que cuidar mucho esos momentos.

Algunas parejas, por ejemplo, construyen ciertos rituales que sostienen esos instantes de plenitud. Podemos verlo en esa persona que nos recibe con una sonrisa cada noche, esos dos hombres o mujeres que hoy, por suerte, se besan y caminan de la mano sin sentirse avergonzados. Se ganaron ese derecho a pura lucha. Lucha apasionada. ¿Cómo no ser feliz, entonces, por algo que, a pesar de ser tan simple, costó tanto conseguir?

Ya planteamos lo difícil que resulta encontrar una definición de felicidad. He intentado dos. Una de ellas apunta al amor propio: «La felicidad es la emoción que nos recorre cuando podemos mirarnos sin sentir vergüenza de quienes somos». La otra apunta a lo difícil de la vida: «La felicidad es la sensación que nos invade en los instantes en que el mundo parece ser un poco menos injusto».

Todos pasamos por dificultades, pero es importante no olvidar qué clase de persona queremos ser.

Para la mitología griega, las sirenas eran unos seres marinos, mitad ave y mitad mujer, que vivían en una isla del mar Mediterráneo. Tenían una virtud que las volvía irresistibles: su música. Con ella atraían a quienes navegaban por sus dominios. Hipnotizados por sus melodías, los navegantes se dirigían a la costa, ocasión que las sirenas aprovechaban para devorarlos.

En *La Odisea*, Homero cuenta que Ulises —Odiseo— quería escuchar el canto de las sirenas. Consciente del riesgo que corría, ordenó a sus marinos que se taparan los oídos con cera, que lo amarraran al mástil, y que, sin importar sus ruegos, nadie lo desatara hasta que estuvieran lejos de esos parajes. Cuando por fin oyó aquellas voces celestiales, a Odiseo lo invadió la pasión y quiso ir hacia ellas, pero no pudo arrojarse al agua. Estaba atado y, como lo había pedido, nadie aceptó desatarlo. De ese modo pudo cumplir el deseo de escuchar el canto embriagante de las sirenas y aun así conservar la vida.

Somos Odiseo y, algunas de nuestras pasiones, son sirenas que pueden devorarnos. Son el abismo de Nietzsche. Por eso, al pasar cerca de ellas, debemos atarnos al mástil para evitar destruirnos. Lo sabe, por ejemplo, quien venció una adicción. Esas personas se cuidan de no acercarse demasiado a esas pasiones que enferman.

Parte del reto por alcanzar la felicidad consiste en encontrar, tal como Odiseo, los compañeros de viaje adecuados. Aquel amigo, o esa pareja que sabrá atarnos al mástil y contenernos para que no nos arrojemos por la borda en busca de esas sirenas inconscientes que pueden lastimarnos.

En cambio, existen otras pasiones que reman con nosotros hacia la orilla de la sanidad. Pasiones que, desde un deseo sin nombre, nos permiten construir un buen destino. Pulsión de vida.

Es posible sentirse pleno y feliz. Para lograrlo, hay que poder amar lo que se tiene, alegrarse por lo conseguido. Disfrutar de esos momentos y soltarlos. Quedar aferrado a una felicidad que fue, es melancolía. Es Sarah saltando al mar para ser devorada por las sirenas de su pasión insana. En el mejor de los casos, es nostalgia. Diez amigos que se reúnen a recordar las travesuras que hicieron en la secundaria. Seguramente, tuvo sentido poner una araña de goma en el asiento de la profesora de geografía. Fue divertido, a los 14 años. Ahora, en cambio, estamos invitados a hacer algo mucho más grande que recordar las ocurrencias del pasado: construir un nuevo instante de eternidad siendo quienes somos en este momento.

Una última reflexión.

Lacan dijo que la persona que hace radio, todo el tiempo conversa con sus muertos.

No es algo que le pase solo a quien hace radio. Todos estamos recorridos por voces y dichos de personas que no están, y por nuestras propias muertes. Por el chico que fuimos y ya no somos, por el adolescente que jugó la broma de la araña y tuvo sueños. Ese chico, esos sueños, nos murmuran al oído junto con aquellas voces tan lejanas como presentes, y nos acompañan en el arduo desafío de vivir.

Ser feliz es, también, convivir en paz con las voces que nos habitan.

Pero ya es demasiado tarde.

Y son muchas, todavía, las pasiones desveladas que nos quedan por delante.

La trágica historia de Balder produce un quiebre imposible de tolerar. Es alguien que muere en plena juventud. Es la muerte del hijo. Es la muerte sin nombre. Y hasta los Ases se conmueven ante el hecho inexplicable.

Nanna, la amante esposa, cae muerta de dolor al ver el cuerpo inerte su amado. Frigga, la madre, «no lo puede creer». Sufre esa incredulidad que marcamos como momento inicial del duelo. Lo niega. No puede ser que su hijo haya muerto. Lo quiere de regreso y, si es necesario, mandará a alguien al infierno para buscarlo. Pero al infierno poco le importa nuestro sufrimiento.

La muerte de Balder, el más querido, es una cachetada cósmica. Es incredulidad y tristeza, es desengaño y caos. Dolor que hiere la tierra y el cielo, las piedras y el mar, y el universo entero se conmociona ante lo innombrable.

El poeta Horacio Ferrer habló de «noches de pena llena». Hermosa metáfora de la desolación, de una oscuridad tan honda que solo tiene lugar para el dolor.

Dijimos que ser un sujeto humano era difícil. En los mitos nórdicos, también lo era ser un dios.

La mitología nórdica tiene su propio apocalipsis, el Ragnarök, el crepúsculo de los dioses. A diferencia de la idea judeocristiana de fin del mundo, en el Ragnarök, también morirán los dioses.

Está escrito que llegará el día de la batalla final. Una lucha entre los Ases, liderados por Odín, y los gigantes de fuego, liderados por Surt. Como es previsible, Loki no podía quedar fuera de la disputa. Él será el encargado de dirigir a los Jotuns, gigantes de hielo.

El Ragnarök tendrá el peor de los resultados: los dioses serán vencidos y morirán, y ellos lo saben. Los Ases no son eternos. Saben que no tienen posibilidad de ganar esa lucha, y, sin embargo, lucharán.

Conmueve ver a los dioses sufrir una tragedia tan humana: ser conscientes de su finitud, deambular por un mundo que algún día no existirá más. Nacer, sufrir, amar y morir. Quizá por eso disfrutaban tanto del placer. Podríamos decir que son deidades dionisiacas. La guerra, el hidromiel y el sexo eran los caminos por los que encontraban el disfrute y a ellos se dirigían, dioses y humanos.

La muerte de Balder y una serie de inviernos eternos serán las primeras señales de la llegada del Ragnarök. Se destruirán las cosechas, desaparecerán las estrellas, y la Tierra quedará sumida en una enorme oscuridad. Caerán las montañas y serán liberados Loki y su hijo, el feroz lobo Fenrir, un animal tan enorme y temible que, al abrir la boca, apoyará una quijada en la tierra y otra en el cielo. También se liberará Jörgmungandr, la serpiente que habita en el mar. Cuando todo esto ocurra habrá llegado el momento. Odín y los Ases enfrentarán a Loki y los gigantes.

Como consecuencia de la batalla final, la tierra se hundirá en el mar y desaparecerá la vida.

Otras versiones sostienen que no todos morirán y que, aquellos que sobrevivan, darán inicio a un nuevo mundo. Balder ocupará el lugar de Odín y será el señor de una nueva generación de Ases.

Pero la saga nórdica está escrita en tiempo futuro, lo cual nos invita a deambular a tientas, una vez más, entre la niebla de lo incierto.

POSLUDIO

A lo largo de este viaje nos hemos despedido con gratitud de muchos compañeros. Pero ahora, a punto de descender, compruebo que, sentado al fondo de mi barca, Sigmund Freud sigue remando conmigo. Y lo hará hasta el final.

Hasta las paredes del teatro parecen vibrar de ansiedad. No es para menos. En unos minutos, el mejor violinista del mundo se presentará allí. A medida que la gente se ubica en sus butacas, los murmullos aumentan en volumen hasta volverse casi un grito contenido.

Detrás del telón Jascha Heifetz, el músico, aguarda concentrado presintiendo la ovación que estallará ni bien pise el escenario. Saludará en silencio y se tomará unos segundos antes de comenzar con el concierto. En esos instantes la obra entera pasará por su mente.

Se ubicará junto al director y lo saludará. Luego hará una reverencia al público, estrechará la mano del concertino y se parará delante de la orquesta. Después de una respiración profunda, dará paso al acto cotidiano y a la vez siempre inaugural de colocar el instrumento sobre su hombro. Con una leve inclinación de cabeza indicará al director que está preparado para comenzar y, por fin, luego de esa víspera entre ansiosa y placentera, el sonido majestuoso del violín invadirá la sala.

Mientras todo esto pasa por su mente, uno de los músicos lo observa en silencio. Le resulta raro tener a pocos metros a semejante genio, a un «tocado por la mano de Dios», y no puede contenerse. Junta valor, se le acerca con temor, y con humildad le dice:

—Maestro, quiero que sepa que yo hubiera dado mi vida por tocar como usted.

Jascha Heifetz, el gran violinista, no se sobresalta. Abre los ojos, sale de sus cavilaciones, y le dirige una sonrisa cálida antes de responder:

—¿Y usted cree que yo no la di?

Desde chicos nos han inculcado la idea de que hay personas que nacen con capacidades extrañas. De ese modo, se desarrollan creencias apoyadas en pensamientos mágicos que suponen que esas personas son distintas porque nacieron distintas, y no porque se esforzaron para llegar a serlo.

Lo que Heifetz no sabía aquella noche, es que, con su arte, despertaría la pasión de un niño y daría un sentido a su existencia.

Itzhak Perlman nació en el año 1945, en Tel Aviv. Cuando a los 3 años escuchó en la radio a Jascha Heifetz, se emocionó hasta las lágrimas y supo que quería ser violinista. La vida se encargaría de poner a prueba su deseo.

Hizo el intento de ingresar al Conservatorio Shulamit, pero fue rechazado. Al igual que Benjamin Zander, se topó con un maestro que no lo consideró apto. El docente dijo que todavía era demasiado chico para poder sostener el violín. Al ver su desazón, sus padres le obsequiaron uno de juguete. Además, tuvo que soportar la opinión de muchos que consideraban que sus manos eran demasiado largas para un instrumento tan pequeño, y le recomendaban que probara con el piano o el contrabajo. Pero esos fueron solo inconvenientes. La gran dificultad le llegaría muy pronto

A los 4 años, Perlman contrajo poliomielitis y la enfermedad le dejó graves secuelas, en especial en las piernas. Desde ese momento, tuvo que utilizar unos complejos armazones para sostenerse y andar con bastones antebraquiales para siempre.

Sin embargo, sus padres, emigrantes polacos, no estaban dispuestos a que su hijo renunciara a su sueño. Lejos de tenerle lástima y considerarlo un inválido, lo alentaron a seguir. Le señalaron que debía aceptar que todo le sería mucho más difícil, pero que eso no implicaba que fuera imposible.

Itzhak asumió lo que sus padres le dijeron y continuó con su vida. Tuvo amigos, jugó a las escondidas con ellos, y se maravilló ante cada cosa nueva que aprendió. Gracias al apoyo de su familia y a su tesón, logró que su problema físico no le robara la alegría.

Al tiempo, por fin pudo entrar en el conservatorio y dedicó su vida al estudio del violín. A los 9 años ya daba algunos conciertos. No obstante, muchos sostenían que, a pesar de su talento, no podría resistir las exigencias que supone desarrollar una carrera profesional.

Cuando tenía 13 años, Ed Sullivan —el mismo que hizo famoso a Los Beatles en Estados Unidos— se asombró al escucharlo y lo invitó a participar en su programa, el más importante de la televisión norteamericana.

Era la gran oportunidad, y su familia lo sabía. Aunque no tenían demasiados medios económicos, se mudaron a Nueva York para apoyarlo. Se instalaron en una habitación y vivieron de un modo muy austero. Pero estaba en juego la pasión de su hijo, y no pensaban abandonarlo.

Poco después, Itzhak pudo ingresar a la academia de música Juilliard, una de las más prestigiosas del mundo.

Todos los días iba solo desde el monoambiente en que vivía hasta el instituto. Con frío, con calor, con lluvia o nevada. Muchas veces se le hacía muy difícil, porque sus bastones se enterraban en el barro, en la nieve, y eso dificultaba su marcha. No le importaba caerse, pero sí le molestaban esos movimientos torpes que hacía para evitar la caída.

—¡Cáete, o no te caigas, pero hazlo de una vez! —se gritaba a sí mismo.

Cuando caía al piso, se levantaba con dificultad y reemprendía el camino. Debía llegar a su clase.

Al tiempo comenzó a trabajar en el Waldorf Astoria, uno de los hoteles más importantes de la ciudad. Debía tocar el violín mientras el público cenaba sin prestarle demasiada atención. Su música era acompañada por el ruido de los cubiertos, el choque de las copas y las risas de los comensales.

Cuando por fin debutó en el Carnegie Hall, se asombró al ver que los espectadores lo escuchaban en silencio. Nadie comía, ni reía, ni brindaban. Estaban allí solo para oírlo. En ese instante sintió por primera vez que su sueño estaba cerca.

Unos años más tarde se enamoró de una violinista, Toby Friedlander. Se casó con ella y tuvo hijos. Itzhak Perlman, el hombre al que todo iba a costarle más, lo logró. Ama, es amado, y construyó una vida feliz enfrentando muchos desafíos.

Pero uno de ellos ha quedado en la historia.

Se cuenta que el 18 de noviembre de 1994, Perlman debía presentarse para dar un concierto en el *hall* del Lincoln Center de Nueva York. Esa noche, el lugar estaba colmado de gente que deseaba escucharlo. Su público estaba acostumbrado a la ceremonia que suponía verlo ingresar al escenario apoyado en sus bastones, caminar con dificultad, casi arrastrándose, hasta alcanzar la silla, acomodarse en ella, dejar los bastones a un costado, aflojar los tensores de sus piernas y, hasta entonces, tomar el violín.

Así lo hizo aquella noche. Cuando estuvo listo, intercambió una broma con el director y dio comienzo el concierto. Sin embargo, algo no saldría bien.

Mientras ejecutaba los últimos compases del primer movimiento, un ruido estalló en la sala: una de las cuerdas de su violín se había roto. La orquesta se detuvo y el público enmudeció. Todos supieron lo que ocurriría. A pesar de su enorme dificultad motriz, Perlman debería volver a colocar los tensores en sus piernas, tomar los bastones, salir por un costado del escenario, cambiar la cuerda y regresar hasta su silla. No había opción. Era lo que debería suceder, porque todos sabían que es imposible tocar un concierto con una cuerda de menos. Sin embargo, aquella noche, Perlman decidió no hacerlo.

Con un gesto imperceptible indicó al director que retomara la obra desde el mismo lugar en que se había interrumpido. El hombre lo miró asombrado. No podía creer que le estuviera pidiendo eso. Pero Perlman insistió con firmeza y, a pesar de las dudas, el director dio la orden a la orquesta para que continuara con el concierto. Y aquel violinista que había enfrentado la imposibilidad de sus piernas, el desaliento de algunos maestros, el barro, la nieve, una vez más hizo algo que parecía imposible.

A fuerza de pasión, talento y coraje, recompuso en su cabeza la partitura y reemplazó los sonidos que faltaban en el instrumento ejecutando esas notas en las cuerdas que quedaban. Ante la presencia de un público sorprendido se produjo el milagro. Los sonidos de la cuerda ausente aparecieron en la sala, como si su fantasma hubiera decidido no abandonar al músico aquella noche. Los dedos de Perlman se deslizaron sobre el violín de un modo inaugural hasta lograr que la gente pudiera disfrutar de un concierto magistral.

Al finalizar, el silencio inundó la sala. Nadie salía de su asombro. A los pocos segundos, todos se pusieron de pie y lo ovacionaron, incluso los músicos, que no dejaban de aplaudir y golpear los atriles con sus arcos.

Minutos después, cuando la euforia se fue aplacando, Itzhak Perlman sonrió, se secó el sudor de la frente, miró al público y, con toda humildad, les dijo: «Ustedes saben, algunas veces, la tarea del artista es descubrir cuánta música puede hacer con lo poco que aún le queda».

Como suele ocurrir con los actos heroicos, muchos ponen en duda la veracidad de esta anécdota. ¿Importa? ¿No basta la entrega de un chico de 4 años que se enfrenta a un mundo que le grita que no va a poder? ¿No es suficiente su esfuerzo por ponerse de pie cada vez que la nieve lo derrumbaba cuando iba en busca de su deseo, la dificultad con que entró y salió de cada escenario durante tantos años, la excelencia de su arte? ¿Qué más debía hacer?

De eso están hechos los héroes. No de nacimientos divinos ni poderes mágicos. Están hechos de barro y de sangre. De miedo y coraje. De amor y soledad.

Caminan por un mundo injusto, por un simple escombro que gira sin sentido alrededor del sol, y en él arriesgan su destino. Corren riesgos ante cada decisión y, aun así, deciden.

Algunos ganan, otros pierden, pero todos son atravesados por una pasión que recorre cada uno de sus actos. Pasión ambivalente, confusa. Pasión que, en ocasiones, se pone al servicio del deseo, y otras del padecimiento. Pulsión de vida y pulsión de muerte.

Pasión que habita en Odín y en Laura, en Caronte y en Sarah, en Heracles y en Schliemann, en San Martín y en Mr. Hyde.

Pasión que expulsa a Adán y a Eva del paraíso, y se hace canción desesperada en Discépolo. Pasión que transforma el cuchillo de Germán en un título universitario, y el aislamiento de Fred en declaración de amor bajo las aguas de la Fontana de Trevi.

Pasión que, muchas veces, se lleva por delante la razón. Momento riesgoso, pero también anhelado. En un universo que se ha vuelto demasiado apolíneo, se hace necesario recuperar el espíritu dionisiaco que no es demencia, sino placer, valentía de animarse a sentir, aunque cueste. El arte cuesta, el amor cuesta, el valor cuesta. Es el precio de una pasión que nos protege de la muerte o la locura. Pasión que, en este caso, es deseo que sostiene y empuja.

La pasión de los padres de Perlman que le dio la fuerza que sus piernas no tenían. Mirada subjetivante que, lejos de construir una víctima, construyó un gladiador. Pasión como otra de las formas del amor.

Aunque sabemos que la pasión, en su desmesura, tiene un pie del lado de la vida y otro en la vereda de la muerte.

Se tratará, entonces, de recorrer nuestras pasiones de un modo digno. Sin huir de ellas en busca de seguridad, porque, como dijo Heidegger, con frecuencia, lo seguro no es seguro, es terrible. El «nada en demasía» del oráculo de Delfos no es una invitación al conservadurismo, sino a la inteligencia. Inteligencia y lucha pasional, los dos condimentos de una vida sana e intensa. Los mismos que, en esta época, en un inesperado gesto dionisiaco, se llevan por delante prejuicios ancestrales en defensa de las pasiones humanas.

«Dios ha muerto», y aquí estamos nosotros, arrojados a un mar de posibilidades sin certezas ni garantías.

Por supuesto que nos seduce la desmesura. ¿A quién no, si es que está vivo? Se trata, entonces, de arrimarnos a ese placer extremo conociendo el límite que impone la sanidad, y deteniéndonos antes de llegar a ese más allá donde el placer ya no es placer, sino padecimiento. Animarnos al gozo sin hundirnos en el goce que nos entrega a las garras destructivas de la pulsión de muerte.

El reto es no caer ni al hielo ni al fuego. No detenernos, no convertirnos en estatua de sal, como el melancólico, en testigos ausentes de nuestra propia vida, pero tampoco quemarnos en las hogueras inconscientes de nuestros infiernos personales.

Tengo para mí que el Ragnarök, el ocaso de los Ases, ya ocurrió, y el reverdecer de los nuevos dioses todavía no ha llegado. Odín ha muerto y Balder aún no viene. Ese es nuestro mundo. Un mundo que llora por dioses perdidos y anhela otros por venir. Pareciera que solo nos queda, otra vez, deambular entre las paredes de la esperanza y lo inexistente. Sin embargo, ya hemos dicho que la esperanza no es una buena compañía. Entonces, es mejor aceptar que, como dijo Ítalo Calvino, el infierno no es algo que será, sino algo que ya existe, que formamos juntos cada día. Podemos mirar para otro lado, tener una vida inauténtica, dejarnos pensar por otros, cumplir ideales ajenos y, de ese modo, ser parte de ese infierno. Pero también podemos buscar «qué y quién en medio de este infierno, no es infierno. Y hacerlo durar, y darle espacio».

Si, como sospechó Alejandro Dolina, «vivimos entre los restos melancólicos de un propósito maravilloso que salió mal», estamos invitados a un desafío tan riesgoso como apasionante: construir un propósito nuevo, un universo personal diferente donde haya lugar para nuestros deseos. Sabiendo que no existe el cielo de la completud. Aceptando que no todo se puede. ¿Quién no ha perdido un amor, un proyecto, la juventud, un padre o un amigo?

Todos caminamos por el mundo con nuestras ausencias a cuestas. Todos somos un poco Perlman, y el desafío consiste en animarnos a dar el mejor concierto que podamos, construir la mejor vida posible, con las pocas cuerdas que nos quedan.

Ese es el costo de estar vivos.

Ese es el precio de la pasión.

GABRIEL ROLÓN
Agosto de 2019

AGRADECIMIENTOS

A Nicolás Tolcachier, por su talento y su generosa amistad.
A Nacho y Mariano, por empujar a mi lado… una vez más.
A Sonia, por las horas dedicadas a escucharme.
A Hugo González, por registrar cada una de mis palabras.
A Martín, Fabián y Charlie, por tantas reflexiones compartidas en el camino.

A Cynthia… Siempre Cynthia… tan cerca… tan en mí.